Gottfried Rosenmayer

Servicemodelle und Wartungsdienstleistungen im Smart Home

Welche Faktoren beeinflussen die Anwenderakzeptanz im Störungsfall?

Bibliografische Information der Deutschen Nationalbibliothek:

Die Deutsche Nationalbibliothek verzeichnet diese Publikation in der Deutschen Nationalbibliografie; detaillierte bibliografische Daten sind im Internet über http://dnb.d-nb.de abrufbar.

Impressum:

Copyright © ScienceFactory

Ein Imprint der Open Publishing GmbH

Druck und Bindung: Books on Demand GmbH, Norderstedt, Germany

Coverbild: Open Publishing

Inhaltsverzeichnis

Danksagung 5

Zusammenfassung 6

Glossar 7

Abkürzungsverzeichnis 9

Abbildungsverzeichnis 11

Tabellenverzeichnis 12

1 Einleitung, Leitfragen und Zielsetzung 13

    1.1 Einleitung und Motivation 13

    1.2 Leitfrage und deren Abgrenzung 14

    1.3 Methoden, Vorgehen und Struktur der Arbeit 15

2 Smart Home 17

    2.1 Begriffsbestimmung und Entwicklung 17

    2.2 Anwendungsbereiche, Kundenbedürfnisse und Nutzen 20

    2.3 Herausforderungen und Limitierungen 23

    2.4 Aufbau und Grundlegende Funktionsweise einer Smart Home Umgebung 30

    2.5 Standardisierung 35

    2.6 Datenschutz und -sicherheit 42

3 Servicemodelle 46

    3.1 Begriffsbestimmung und Definitionen 46

    3.2 Rollen in der Dienstleistungserbringung 51

    3.3 Potentiale 53

    3.4 Marktbezogene Herausforderungen 58

    3.5 Akzeptanz des Smart Home Einsatzes 62

4 Empirische Untersuchung **67**

    4.1 Forschungsmethode Experteninterview 67

    4.2 Durchführung 72

    4.3 Darstellung der Ergebnisse 78

    4.4 Beantwortung der Forschungsfrage 89

    4.5 Rahmenbedingungen für Servicemodelle 90

    4.6 Conclusio 91

Literaturverzeichnis **93**

Anhang **102**

    Kategorisierte Experteninterviews 102

Danksagung

Eine akademische Arbeit, wie die vorliegende Master Thesis, welche an der Donau Universität in Krems am Zentrum für e-Governance entstanden ist, erfordert neben der aufzubringenden Arbeitsleistung des Autors eine nicht eben geringfügige Unterstützung seines Umfelds. Somit möchte ich mich an dieser Stelle bei Allen bedanken die mich, auf meinem Weg zur Fertigstellung begleitet haben.

Dies gilt zu Beginn dem Team der Donau Universität Krems beginnend mit Maria Schuler und Yvonne Fiedelsberger welche uns Studierende immer perfekt unterstützt haben und auf alle Fragen zum Studium weiterhelfen konnten. Weiters möchte ich mich bei Anita Zimmermann für die Unterstützung und Vorbereitung auf die Master Thesis im letzten Jahr bedanken.

Ganz besonderer Dank gilt Herrn Mag. Michael Dell, welcher durch sein enormes fachliches Wissen immer mit den richtigen Antworten weiterhelfen konnte.

Bedanken möchte ich mich auch bei meinen Studienkollegen. Wir hatten eine tolle gemeinsame Zeit, eine großartige Hilfsbereitschaft in der Gruppe und neben der Anstrengung des Lernens eine Menge Spaß.

Meinen Eltern zolle ich großen Respekt, dass sie mir den Ehrgeiz, die Ausdauer und den Mut mitgegeben haben, eine Aufgabe wie diese zu meistern.

Der größte Dank gilt meiner Familie und vor allem meinen beiden Kindern, Lisa Marie und Lukas Matthias, welche an der Schwelle zum Erwachsen werden auf wertvolle gemeinsame Zeit verzichten mussten.

Von ganzem Herzen gilt meine Dankbarkeit meiner Frau Cornelia, welche in den beiden Jahren des Studiums auf viele Stunden, Tage und Wochen unserer Zweisamkeit verzichten musste und vieles, das zuvor mein Beitrag am gemeinsamen Zusammenleben gewesen ist, ohne weiteres übernommen hat. Danke mein Schatz!

Strasshof / Nordbahn im September 2017

Gottfried Rosenmayer

Zusammenfassung

Die Anzahl der kritischen Infrastruktur Einrichtungen, welche mit Smart Home Technologie angesteuert werden, erhöht sich stetig und erfordert vom Markt zunehmende Wartungs- und Entstörungsleistungen. In dieser Arbeit soll die Akzeptanz des Konsumenten für die Gestaltung, dieser Dienstleistungs- und Servicemodelle hinterfragt werden. Die Zielbetrachtung fokussiert sich hierbei auf den kleinstrukturierten Wohnbau.

Für die Erfüllung dieser Aufgabe werden in den ersten Kapiteln dieser Master Thesis vorab die Grundlagen für Smart Home und Servicemodelle anhand einer Literaturanalyse umrissen und dargestellt. Im zweiten Teil der Arbeit wird aufgrund mangelnder aussagekräftiger und aktueller wissenschaftlicher Literatur auf Experteninterviews zurückgegriffen, welche die offenen Fragen beantworten sollen.

Als Resultat konnten mehrere Faktoren identifiziert werden, welche die Akzeptanz der Anwender für das Servicemodell Angebot im Smart Home beeinflussen. Diese sind im Wesentlichen die Reaktionszeit, der Preis und die Sicherheit, wobei auch die Vertragsbindung einen wesentlichen Faktor darstellt. Zusätzlich wurden noch weitere Rahmenbedingungen erkannt, welche die Ausfallzeiten minimieren und die Gestaltung der Servicemodelle vereinfachen.

Hinweis des Autors

Aus Gründen der Leseökonomie wird im Folgenden auf eine geschlechtsneutrale Formulierung verzichtet. Es sind jedoch immer beide Geschlechter im Sinne der Gleichbehandlung angesprochen.

Glossar

Ambient Assisted Living

Ambient Assisted Living (AAL) umfasst intelligente Techniken um ältere oder benachteiligte Menschen im täglichen Leben zu unterstützen.

BACnet

BACnet (**B**uilding **A**utomation and **C**ontrol **Net**works) ist ein Netzwerkprotokoll für die Gebäudeautomation. 1995 wurde es als Standard 135 durch die ANSI/ASHRAE und 2003 als ISO 16484-5 Standard verabschiedet. BACnet ist in der Lage verschiedene Feldbusse miteinander zu koppeln.

bticino

Ist unter anderem ein Hersteller von Smart Home Steuerungssystemen und ist seit 1989 Teil der legrand Gruppe.

Europäischer Installationsbus (EIB)

Der EIB-Bus ist ein Feldbussystem für die Gebäudeautomation und einer der Vorläufer des aktuellen KNX-Standards.

Feldbus

Ein Feldbus ist ein Bussystem das in einem Gebäude Sensoren und Aktoren mit einer Automatisierungszentrale verbindet.

Gira

Die Gira Giersiepen GmbH & Co. KG mit Sitz in Radevormwald ist ein Komplettanbieter intelligenter Systemlösungen für die elektrotechnische und vernetzte digitale Gebäudesteuerung.

IoT

Internet of Things (IoT) bezeichnet eine durch Informations- und Kommunikationstechniken vernetze Infrastruktur von Alltagsgegenständen.

KNX

KNX ist ein Feldbus für die Gebäudeautomation. Der KNX-Standard ist der Nachfolger der Feldbusse Europäischer Installationsbus (EIB), Batibus und EHS.

Loxone

Loxone ist ein Smart Home Steuerungssystem der Firma Loxone Electronics GmbH.

Abkürzungsverzeichnis

AAL	Ambient Assisted Living
BACnet	Building Automation and Control Networks
BITKOM	Bundesverband Informationswirtschaft, Telekommunikation und neue Medien e. V
bzw.	Beziehungsweise
EHS	European Home Systems
EIB	Europäischer Installationsbus
et al.	und andere
GNI	Gebäude Netzwerk Institut
HA	Heimautomation
HAN	Home Area Network
HAS	Heimautomationssystem
HBS	Home Bus System
hg.	herausgegeben
HLK	Heizung, Lüftung, Klimatisierung
Hrsg.	Herausgeber
IoT	Internet of Things
IP	Internet Protocol
IT	Information Technology
KNX	Konnex
LAN	Local Area Network
LON	Local Operation Network
SAT	Satellit
SD-Karte	Secure Digital Memory Card
SII	Smart Home
u. a.	und andere
ULE	Ultra-Low Energy

UPnP	Universal Plug and Play
VDE	Verband der Elektrotechnik Elektronik Informationstechnik e.V.
Vgl.	Vergleiche
VLAN	Virtual Local Area Network
VPN	Virtual Private Network
WLAN	Wireless Local Area Network
z.B.	zum Beispiel

Abbildungsverzeichnis

Abbildung 1: Modellierung des Connected Home Ansatzes 20

Abbildung 2: Mögliche Anwendungsfelder im Connected Home 21

Abbildung 3: EN ISO 16484-2 Mögliche Verbindungen in GA-Systemen 31

Abbildung 4: Mögliche Einsatzgebiete von Sensoren im vernetzten Heim 34

Abbildung 5: Die Komponenten einer smarten Umgebung 35

Abbildung 6: Prozess von der Prüfung bis zur Siegelvergabe (das abgebildete Logo ist ein Entwurf in Bearbeitung) 37

Abbildung 7: Das Für und Wider des smarten Wohnens 45

Abbildung 8: Wertschöpfungsstufen einer Anwendung im IoT 49

Abbildung 9: Rollen im Smart Home Ecosystem 51

Abbildung 10: Bevorzugte Integrator-Anbietergruppen - Kundensicht 52

Abbildung 11: Deutschland - Smart Home-Haushalte in Tausend 53

Abbildung 12: Europäische Smart Home-Umsätze nach funktionalen Marktsegmenten (in Mio. €) 54

Abbildung 13: Mikro-Umfeld von Geschäftsmodellen mit Beispielen (in Anlehnung an Porter,1980, S. 4 und Homburg, 2000, S. 117) 58

Abbildung 14: Bedeutung der Geschäftsmodellkomponenten - Expertensicht 59

Abbildung 15: SWOT-Analyse 60

Abbildung 16: Technology Acceptance Model (TAM) 63

Abbildung 17: Technology Acceptance Model 2 (TAM2) 63

Abbildung 18: Ablaufmodell zusammenfassender Inhaltsanalyse 71

Tabellenverzeichnis

Tabelle 1: Darstellen der Nutzen für die Verbraucher 22

Tabelle 2: Die sieben Herausforderungen (Quelle: Eigene Darstellung) 23

Tabelle 3: Systeme und Plattformen für das Smart Home im Vergleich 39

Tabelle 4: Systeme u. Plattformen f. d. Smart Home im Vergleich - Details 41

Tabelle 5: Ausgewählte Definitionen zu Geschäftsmodell 47

Tabelle 6: Aktuelle Smart Home Markttreiber 57

Tabelle 7: Kategoriensystem der Interview Auswertung (Quelle: Eigene Darstellung) ... 76

Tabelle 8: Priorisierung der kritischen Infrastruktur nach Nennungen (Quelle: Eigene Darstellung) 79

1 Einleitung, Leitfragen und Zielsetzung

1.1 Einleitung und Motivation

Man kommt nach Hause, das Schloss der Eingangstür öffnet bei Annäherung automatisch, das Licht erhellt den Wohnbereich und das Entertainment System hüllt den Raum in entspannende Klänge, ohne dass man aktiv ein Bedienfeld bemüht. Einen Ausblick auf Technologie, die das beschriebene Szenario ermöglicht und heute unter dem Begriff Smart Home bekannt ist, zeichnete Mark Weiser bereits in den späten 1980 Jahren in seinen Theorien über den Computer des 21. Jahrhunderts.[1] Hat sich die Technologie seit der Jahrtausendwende vorerst durch die hohen Kosten nur in Bürogebäuden ausgebreitet, findet sie in den letzten Jahren Einzug in private Haushalte.[2] Nicht zuletzt durch das Engagement von Apple mit der Home Kit Plattform[3] und Google mit NEST[4] ist der Begriff Smart Home auch bei technisch nicht affinen Zeitgenossen angekommen.

Spätestens jetzt muss man sich mit den von Edwards und Grinter beschriebenen sieben Herausforderungen von intelligenten Environments, welche auch die Frage nach Wartung und Reparatur von Smart Home Umgebungen beschreiben, beschäftigen.[5]

Durch die starke Durchdringung von wichtigen Services in der traditionellen Infrastruktur, wie der Heizungstechnik oder der Elektroinstallation, haben sich viele Unternehmen auf die Reparatur dieser Systeme im privaten Bereich spezialisiert und bieten 7x24 Entstörungsdienstleistungen ohne Vertragsbindung an. In der

---

[1] Vgl. Mark Weiser, „The Computer for the 21st Century", *Scientific American* 265, Nr. 3 (1991): 94–104, doi:10.1038/scientificamerican0991-94.
[2] Vgl. „Marktaussichten für Smart Home" (Berlin-Mitte: BITKOM Bundesverband Informationswirtschaft, Telekommunikation und neue Medien e. V., Oktober 2014), 10–12, zugegriffen 18. September 2016, https://www.bitkom.org/Bitkom/Publikationen/Marktaussichten-fuer-Smart-Home.html.
[3] Vgl. Apple Inc., „iOS - Home", *Apple*, zugegriffen 3. September 2017, http://www.apple.com/ios/home/.
[4] Vgl. Nest Labs Inc., „nest - Home", *Nest*, zugegriffen 3. September 2017, https://www.nest.com/.
[5] Vgl. W. Keith Edwards und Rebecca E. Grinter, „At Home with Ubiquitous Computing: Seven Challenges", in *Ubicomp 2001: Ubiquitous Computing*, hg. von Gregory D. Abowd, Barry Brumitt, und Steven Shafer, Lecture Notes in Computer Science 2201 (Berlin Heidelberg: Springer, 2001), 256–72, doi:10.1007/3-540-45427-6_22.

jungen Branche des Smart Home sind derartige flächendeckende Servicekonzepte noch nicht vorhanden.

Nichts desto trotz ist durch die intensive Automatisierung von kritischen Systemen, wie der Beleuchtung, deren Ausfall ebenso inakzeptabel wie der Verlust der Heizungsanlage. Dieser Umstand eröffnet ein wirtschaftliches Potential für Serviceleistungen im Smart Home Bereich auf das bereits 2008 eine vom Bundesverband der Informationswirtschaft, Telekommunikation und neue Medien e. V. BITKOM herausgegebene Studie hinwies.[6]

In der vorliegenden Arbeit wird im Speziellen auf Wartungsverträge bzw. Servicemodelle eingegangen, welche bei einem Ausfall von kritischen Smart Home Systemen die Reparaturleistung absichern und die negativen Auswirkungen des Ausfalls abfedern können.

1.2 Leitfrage und deren Abgrenzung

Wie bereits in der Einleitung erwähnt, werden auch kritische Infrastruktur Teile im Haushalt mit neuer Technologie vernetzt. Dies erhöht die Komplexität für einen nötigen Entstörungsvorgang und somit die Dauer des Serviceausfalls der beschädigten Infrastruktur. Nachfolgend wird untersucht ob diese zum Teil massiven Einschränkungen ihres Lebensraumes für die Bewohner zum Akzeptanzverlust und gleichsam zur Abkehr vom Smart Home führen kann.

In der wissenschaftlichen Literatur ist das Thema Servicemodelle und Ausfallszenarien für Smart Home Installationen nach einer Untersuchung von Solaimani, Keijzer-Broers und Bouwman bis dato wenig betrachtet worden.[7] Umso aktueller wirkt die Leitfrage der vorliegenden Master Thesis:

> "Wie müssen Dienstleistungs- und Servicemodelle im Smart Home Bereich gestaltet sein, um vom Anwender akzeptiert zu werden?"

---

[6] Vgl. Arnold Picot u. a., „Studienreihe zur Heimvernetzung - Band 3 - Treiber und Barrieren der Heimvernetzung" (Berlin-Mitte: BITKOM Bundesverband Informationswirtschaft, Telekommunikation und neue Medien e. V., Oktober 2008), 39, zugegriffen 18. September 2016, https://www.bitkom.org/Bitkom/Publikationen/Treiber-und-Barrieren-der-Heimvernetzung.html.

[7] Vgl. Sam Solaimani, Wally Keijzer-Broers, und Harry Bouwman, „What We Do – and Don't – Know about the Smart Home: An Analysis of the Smart Home Literature", Indoor and Built Environment 24, Nr. 3 (1. Mai 2015): 370–83, doi:10.1177/1420326X13516350.

Um sich dem Thema anzunähern und zu entwickeln, konzentriert sich die Untersuchung auf den kleinstrukturierten Wohnbau. Dabei werden, mithilfe eines Fragenkatalogs, wesentliche Aspekte rund um die Forschungsfrage aufgegriffen um Diese umfangreich zu beantworten.

1.3 Methoden, Vorgehen und Struktur der Arbeit

Zu Beginn der Arbeit werden in Kapitel 2 und 3 die Themengebiete Smart Home und Servicemodelle durch eine Literaturanalyse dargestellt. Dabei wurde aufgrund der schnellen Marktentwicklung im Smart Home Bereich großer Wert auf die Aktualität und Lokalität der Quellen gelegt. Um dem von Solaimani, Keijzer-Broers und Bouwman[8]beschriebenen Mangel an wissenschaftlicher Literatur zu begegnen sind auch Zeitschriften, Web-Blogs und andere Internetquellen in die Analyse mit eingeflossen.

Darüber hinaus wurden neben der Literaturanalyse ebenso Experteninterviews und eine darauffolgende Inhaltsanalyse nach Mayring[9] angewendet, welche ihren Niederschlag in Kapitel 4 fanden. Die Interviews waren einerseits aufgrund der geringen Datenlage zu dem gewählten Themenbereich der Servicemodelle im Smart Home und andererseits aufgrund der Untermauerung der Erkenntnisse aus den Internet Quellen unabdingbar.

Die Experteninterviews sind zum einen auf Seiten von Unternehmen, die sich auf die Serviceerbringung von Smart Home Technologien im privaten Bereich spezialisiert haben und im weiteren auch auf der Seite der Konsumenten durchgeführt worden. Zusätzlich wurden noch ein Hersteller und ein Vertreter der Wissenschaft befragt.

Die genannte Zielgruppe der Experten musste sich zumindest 2 Jahre mit dem Thema Smart Home beschäftigen. Als Ergänzung wurde noch ein technischer Laie ohne bisheriger Berührung mit der Technologie interviewt, um auch diese Sichtweise mit aufzunehmen.

---

[8] Vgl. ebd.
[9] Vgl. Philipp Mayring, *Qualitative Inhaltsanalyse: Grundlagen und Techniken*, 11., aktualisierte und überarbeitete Auflage, Beltz Pädagogik (Weinheim und Basel: Beltz GmbH, Julius, 2010).

Die besagten Interviews wurden nach der von Meuser und Nagel[10] beschriebenen Methode in einem persönlich mündlichen Gespräch durchgeführt, welche durch einen Gesprächsleitfaden mit offener Fragestellung unterstützt wurden.

Die Synthese der Arbeit und die Beantwortung der Forschungsfrage findet sich neben einem Ausblick in Kapitel 0.

---

[10] Vgl. Michael Meuser und Ulrike Nagel, „Das Experteninterview — konzeptionelle Grundlagen und methodische Anlage", in *Methoden der vergleichenden Politik- und Soziwisalsenschaft* (Wiesbaden: VS Verlag für Sozialwissenschaften, 2009), 465–79, doi:10.1007/978-3-531-91826-6_23.

2 Smart Home

2.1 Begriffsbestimmung und Entwicklung

> „Smart Home dient als Oberbegriff für technische Verfahren und Systeme in Wohnräumen und -häusern, in deren Mittelpunkt eine Erhöhung von Wohn- und Lebensqualität, Sicherheit und effizienter Energienutzung auf Basis vernetzter und fernsteuerbarer Geräte und Installationen sowie automatisierbarer Abläufe steht." [11]

Diese Begriffsdefinition ist von der Arbeitsgruppe 2 des Nationalen IT-Gipfels als Basis für die weitere Arbeit herangezogen worden[12] und wird ebenso von der Fokusgruppe Connected Home, ein Zusammenschluss mehrerer deutscher Branchenverbände, in ihrer Studie aus dem Jahr 2014 verwendet.[13] Die ursprüngliche Definition stammt aus der Wikipedia und wurde aufgrund der Verwendung durch die Branchenvertreter in diese Arbeit bewusst aufgenommen.

Betrachtet man die vorhandene Literatur, so ist zu erkennen, dass der Begriff Smart Home noch nicht eindeutig von anderen Begriffen wie Gebäudeautomation, Hausautomation und intelligentes Wohnen abgegrenzt werden kann.

Schon im Jahr 2010 kamen Strese u. a. zu dem Schluss, dass der Begriff Smart Home als Synonym für die verschiedensten Begrifflichkeiten steht und nicht klar von anderen Begriffen abgrenzbar ist. Damals nannte man Synonyme wie Connected Home, Elektronisches Haus, Intelligentes Wohnen, Smart House, Smart Environment, Home of the Future, Smart Living und Aware Home.[14]

Aldrich definierte den Begriff 2003 wie folgt:

> "A smart home can be defined as a residence equipped with computing and information technology which anticipates and responds to the needs of the occupants, working to promote their comfort, convenience, security and entertainment through

---

[11] „Smart Home", *Wikipedia*, zugegriffen 28. August 2017, https://de.wikipedia.org/w/index.php?title=Smart_Home&oldid=168227952.

[12] Vgl. Arbeitsgruppe 2 des Nationalen IT-Gipfels (AG2), Hrsg., *Digitale Infrastrukturen - Schwerpunkte und Zielbilder für die Digitale Agenda Deutschlands, Jahrbuch 2013/2014*, 3., korrigierte Auflage (Achim: Berlin Druck, 2013), 352, http://deutschland-intelligent-vernetzt.org/app/uploads/sites/4/2015/12/it-gipfel-2013-jahrbuch-ag2.pdf.

[13] Vgl. „Marktaussichten für Smart Home", 8.

[14] Vgl. Hartmut Strese u. a., „Smart Home in Deutschland", *Institut für Innovation und Technik (iit)*, 2010, 8.

the management of technology within the home and connections to the world beyond." [15]

Man erkennt daraus, dass in den letzten Jahren der Nutzen des Energiemanagements hinzugekommen ist, welcher nicht zuletzt aufgrund des Klimawandels an Wichtigkeit gewonnen hat. Balta-Ozkan, Boteler und Amerighi verdeutlichten 2014 diesen Zusammenhang in ihrer Studie über den europäischen Smart Home Markt und stellten auch die Verbindung zu Smart Grids bzw. Smart Cities her.[16] Somit ist ersichtlich, dass sich die Begriffsdefinition aufgrund gesellschaftlicher und technischer Entwicklung weiterentwickelt.

Blickt man in der Geschichte weiter zurück, beginnt die Reise der Definition des Begriffes Smart Home bzw. dessen, was man darunter verstehen kann, im Jahr 1991. Damals beschrieb Mark Weiser in seinen Theorien über den Computer des 21. Jahrhunderts Szenarien, die den Grundstein für den heutigen Begriff des Smart Home liefern.[17]

Wichtig bei all den genannten Definitionen ist die Zielsetzung bzw. sind die Eigenschaften, die ein Intelligent Environment mitbringen muss. Um das Intelligent Environment zu charakterisieren hat Augusto 2013 eine Liste von Grundprinzipien erarbeitet:[18]

1) „to be intelligent to recognize a situation where it can help.
2) to be sensible to recognize when it is allowed to offer help.
3) to deliver help according to the needs and preferences of those which is helping.
4) to achieve its goals without demanding from the user/s technical knowledge to benefit from its help.
5) to preserve privacy of the user/s.

---

[15] Frances K. Aldrich, „Smart Homes: Past, Present and Future", in *Inside the Smart Home*, hg. von Richard Harper (London: Springer, 2003), 17, doi:10.1007/1-85233-854-7_2.

[16] Vgl. Nazmiye Balta-Ozkan, Benjamin Boteler, und Oscar Amerighi, „European smart home market development: Public views on technical and economic aspects across the United Kingdom, Germany and Italy", *Energy Research & Social Science* 3 (2014): 65, doi:10.1016/j.erss.2014.07.007.

[17] Vgl. Weiser, „The Computer for the 21st Century".

[18] Juan C Augusto u. a., „Intelligent Environments: A Manifesto", *Human-Centric Computing and Information Sciences* 3, Nr. 1 (2013): 4, doi:10.1186/2192-1962-3-12.

6) to prioritize safety of the user/s at all times.
7) to have autonomous behaviour.
8) to be able to operate without forcing changes on the look and feel of the environment or on the normal routines of the environment inhabitants.
9) to adhere to the principle that the user is in command and the computer obeys, and not viceversa"

Da das Smart Home eine Domäne von Intelligent Environment ist, können die angeführten Prinzipien auch für diesen Bereich angewendet werden.

Neben den genannten Begriffen, die als Synonym für das Smart Home Verwendung finden, trifft man auch auf den Begriff des Connected Home, welcher von Harper in seinem Buch genauer betrachtet wird.[19] Eine Darstellung des Connected Home, ersichtlich in Abbildung 1, liefert die Studie des Deutschen Branchenverbandes BITKOM aus dem Jahr 2008, welche eine Gliederung in die Bereiche Kundenbedürfnisse, Sensoren & Aktoren, Geräte und dem Connected Home Network erschließt.[20]

---

[19] Vgl. Richard Harper, „From Smart Home to Connected Home", in *The Connected Home: The Future of Domestic Life*, hg. von Richard Harper (London: Springer London, 2011), 3–18, doi:10.1007/978-0-85729-476-0_1.

[20] Vgl. Ronald Glasberg und Nadja Feldner, „Studienreihe zur Heimvernetzung - Band 1 - Konsumentennutzen und persönlicher Komfort" (Berlin-Mitte: BITKOM Bundesverband Informationswirtschaft, Telekommunikation und neue Medien e. V., Oktober 2008), 10, zugegriffen 18. September 2016, https://www.bitkom.org/Bitkom/Publikationen/Konsumentennutzen-und-persoenlicher-Komfort.html.

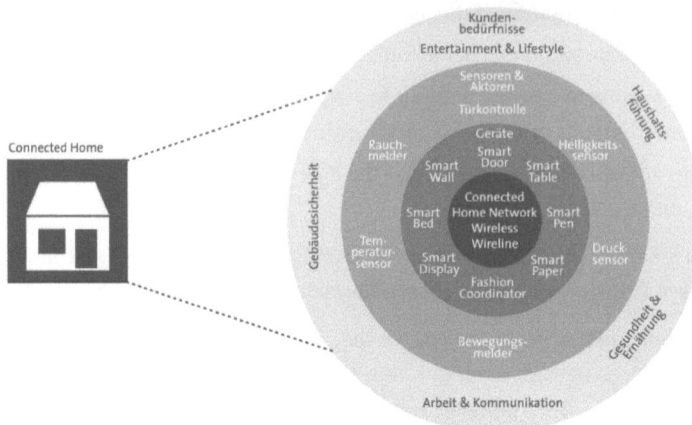

Abbildung 1: Modellierung des Connected Home Ansatzes[21]

Auf die einzelnen Anwendungsbereiche wird das nächste Kapitel genauer eingehen.

Der Begriff Smart Home beschränkt sich bei den genannten Autoren im Allgemeinen auf den privaten Lebensraum, welcher in der vorliegenden Arbeit als Basis für die Betrachtung herangezogen wurde.

2.2 Anwendungsbereiche, Kundenbedürfnisse und Nutzen

„Was wünschen sich die Konsumenten für Ihr Connected Home?" [22]fragte sich im Jahr 2008 der Bundesverband Informationswirtschaft, Telekommunikation und neue Medien e. V BITKOM in seiner Studie zur Heimvernetzung mit dem Titel „Konsumentennutzen und persönlicher Komfort". Diese Frage ließ sich in der Studie nicht einfach beantworten, da die Lebensumstände in jedem Haushalt differieren und somit der Tagesablauf und die Bedürfnisse der Bewohner sehr unterschiedlich ausfallen.

Aufgrund dieser großen Anzahl an Bedürfnissen und Wünschen, die ein Bewohner an ein Smart Home richtet, ist auch die Zahl der Anwendungen und möglicher Szenarien schier endlos. Aus diesem Grund muss man diese Anwendungsmöglichkeiten zu Anwendungsgebieten gruppieren. In Abbildung 2 sind beispielhafte

---

[21] Ebd.
[22] Ebd., 12.

Anwendungsfelder in Anwendungsgebiete gruppiert und unter dem Begriff Kundenbedürfnisse im Connected Home dargestellt.[23]

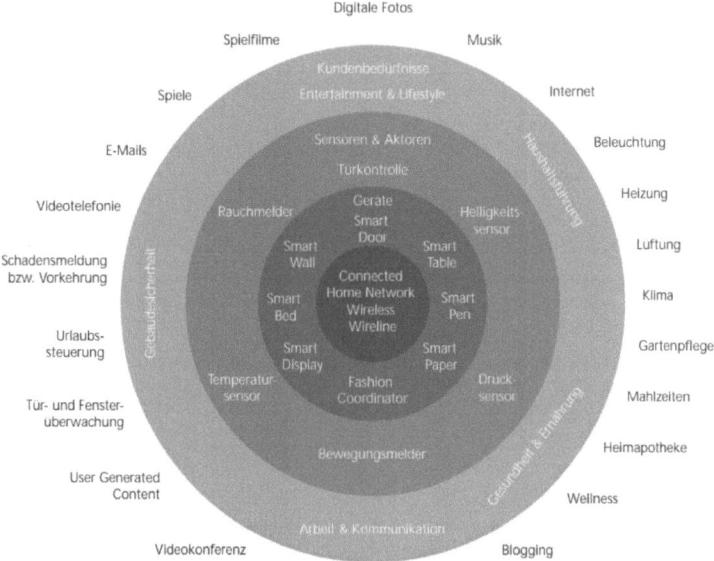

Abbildung 2: Mögliche Anwendungsfelder im Connected Home[24]

Hieraus ist zu erkennen, auf welche Bedürfnisse das Smart Home reagieren muss um für die Bewohner eine automatisierte und komfortable Umgebung, wie in Kapitel 2.1 beschrieben, zu kreieren.

Neben den Wünschen für die Bewohner stellt sich auch die Frage des Nutzens. In einer Studie des Branchenverbandes BITKOM 2009 wurde diese Frage an einigen Beispielen erörtert, welche in der Tabelle 1 dargestellt sind.[25]

---

[23] Vgl. ebd., 12ff.
[24] Strese u. a., „Smart Home in Deutschland", 9.
[25] Vgl. Ronald Glasberg und Nadja Feldner, „Leitfaden zur Heimvernetzung - Bedeutung und Nutzen der Heimvernetzung - Ausgewählte Anwendungsmöglichkeiten - Technologien - Planung und Einrichtung eines Heimnetzwerkes" (Berlin-Mitte: BITKOM Bundesverband Informationswirtschaft, Telekommunikation und neue Medien e. V., November 2009), 8, zugegriffen 18. September 2016, https://www.bitkom.org/Bitkom/Publikationen/Leitfaden-zur-Heimvernetzung-Band-1.html.

Tabelle 1: Darstellen der Nutzen für die Verbraucher[26]

Steigerung des persönlichen Komforts[27]	Erhöhung der Wohnsicherheit	Energieeinsparung
Einfache Übertragung zwischen den Geräten Daten (Dokumente, Fotos, Musik, Videos) lassen sich problemlos zwischen den Geräten und Wohnräumen übertragen.	Schutz vor Schäden Einbruch, Feuer und Wasserschaden werden erkannt und gemeldet.	Reduzierung des Energiebedarfs Durch intelligente Steuerung kann Energie eingespart werden, z.B. Heizung in ungenutzten Räumen reduzieren, Datenspeicher ausschalten, wenn vernetzte Geräte im Standby-Modus sind.
Zentrale Speicherung von Inhalten Daten (Dokumente, Fotos, Musik, Videos) lassen sich zentral speichern und belegen nicht mehrfach Speicherplatz.	Simulation von Anwesenheit gegen Einbruch Damit der Wohnraum auch bei Abwesenheit nicht auffällt, ist eine zeitgesteuerte Licht-und Rolladensteuerung sinnvoll.	Nutzung alternativer Energieformen Durch intelligente Steuerung können alternative Energien genutzt werden, z.B. Tageslicht statt elektrischer Beleuchtung durch Lichtsteuerung.
Zentrale Steuerung der Geräte Bewohner können ihre Geräte mit einem einzigen Steuergerät/ Fernbedienung zentral ansteuern, der Fernbedienungswirrwarr verschwindet.	Schlüsselsteuerung Einschalten der Alarmanalage und Stromabschaltung beim Verlassen des Wohnraumes.	Steigerung der Energieeffizienz Durch Kombination diverser Automatismen, wie z.B. automatische Temperaturregelung und Fensteröffner wird die Effizienz gesteigert.
Automatisches Software-Update möglich Bei Bedarf ist ein Software-Update aller Geräte via Internet möglich.	Tür-und Fensterüberwachung Offen stehende Fenster und Türen werden beim Verlassen der Wohn-umgebung gemeldet.	...
Ersparnis von Zeit durch Automatisierung Durch die Automatisierung bestimmter Zeitabläufe lässt sich Zeit einsparen.	Abschaltautomatik Automatisches Abschalten von „gefährlichen" Geräten, wie z.B. Bügeleisen, Kochplatte etc. bei Überschreiten bestimmter Parameter.	...

---

[26] Ebd.
[27] z.B.: durch vereinfachte Mediennutzung

Die Tabelle 1 stellt die Vorteile, die sich mit einem Smart Home, zum Zeitpunkt der Studie erzielen lassen, dar. Darin sind drei wesentliche Säulen des Nutzens für die Bewohner ersichtlich, welche schon in der Definition für Smart Homes in Kapitel 2.1 beschrieben wurden. Neben dem erhöhten Komfort ist das die Erhöhung der Sicherheit im Eigenheim und die Reduzierung des Energieverbrauchs.

Ein weiteres Anwendungsfeld, das jedoch in der vorliegenden Arbeit nicht weiterverfolgt wird, ist das „Ambient Assisted Living", welches in den nächsten Jahren durch den demografischen Wandel an Bedeutung gewinnen wird. Hierbei wird das System speziell auf die Bedürfnisse älterer und gebrechlicher Bewohner ausgerichtet. Das Bundesministerium für Verkehr, Innovation und Technologie (BMVIT) unterstützt diesen Wandel in einer „AAL Austria" genannten Initiative.[28]

2.3 Herausforderungen und Limitierungen

Betrachtet man ein Smart Home, wird man sich den selben Herausforderungen stellen müssen, welche Edwards und Grinter bereits 2001 beschrieben haben. In ihrem Werk *„At Home with Ubiquitous Computing: Seven Challenges"* listen sie sieben Herausforderungen auf, welche in

Tabelle 2 dargestellt und den folgenden Kapiteln zusammengefasst sind.[29]

Tabelle 2: Die sieben Herausforderungen (Quelle: Eigene Darstellung)[30]

Challenge One	The „Accidentally" Smart Home
Challenge Two	Impromptu Interoperability
Challenge Three	No Systems Administrator
Challenge Four	Designing for Domestic Use
Challenge Five	Social Implications of Aware Home Technologies
Challenge Six	Reliability
Challenge Seven	Inference in the Presence of Ambiguity

---

[28] Vgl. Andreas Steiner-Hochgatterer und Martin Morandell, „AAL Vision Österreich - Positionspapier", Positionspapier (Wien: AAL AUSTRIA Innovationsplattform für intelligente Assistenz im Alltag, April 2014), zugegriffen 6. Mai 2017, http://www.aal.at/wp-content/uploads/2016/02/AAL_Vision_%C3%96_Positionspapier_final_online_27042015.pdf.
[29] Vgl. Edwards und Grinter, „At Home with Ubiquitous Computing".
[30] Vgl. ebd.

2.3.1 Challenge One: The „Accidentally" Smart Home[31]

Bereits bestehende Häuser und Wohnungen werden meist nicht in einem Gesamtprojekt auf ein Smart Home umgebaut, sondern Schritt für Schritt automatisiert. Dabei stellen sich einige Fragen, welche unerwünschte Nebeneffekte verhindern sollen. Vor allem wie das System dem Bewohner auf verständliche Weise die unterschiedlichen Funktionen eines Smart Home darstellen soll. Darüber hinaus muss sich dem Bewohner erschließen, wie die einzelnen Geräte miteinander kommunizieren und wo die Grenzen der Kommunikation liegen. Insbesondere bei drahtlosen Verbindungen, welche sich ungehindert über den eigenen Wohnbereich hinaus ausbreiten können, ist hier auf die Ausbreitung des Signals und deren Auswirkungen zu achten. Auch bei kabelgebundenen Verfahren welche z.B. durch Firewalls an der Kommunikation mit der Außenwelt gehindert werden müssen. Der Bewohner muss sich auch um die Möglichkeiten der Konfiguration der einzelnen Komponenten als auch um die Anforderungen die er an das Smart Home als Ganzes stellt, im Klaren sein. Die spezielle Herausforderung ist, diese unterschiedlichen Komponenten die ohne Gesamtkonzept aufgebaut werden zu einem homogenen Ganzen werden zu lassen.

2.3.2 Challenge Two: Impromptu Interoperability[32]

Die Inbetriebnahme neuer Komponenten im Smart Home muss erwartungsgemäß mit wenig Konzept- und Implementierungsaufwand von statten gehen. Auch die Kommunikation von unterschiedlichsten Teilen des Smart Home muss ohne weiteres möglich sein. Dies erfordert jedoch Kommunikationsprotokolle die es den Komponenten ermöglicht alle Mitspieler in einem Smart Home zu erkennen und deren Potential zu nutzen. Aktuell ist noch kein übergreifender Standard in Sicht. Es entstehen jedoch immer mehr Teilkomponenten welche mit unterschiedlichen Protokollen arbeiten können, bzw. werden Teilweise schon zentrale Gateways für die Kommunikation zwischen mehreren Kommunikationswelten eingesetzt.

---

[31] Vgl. ebd., 257–59.
[32] Vgl. ebd., 259–61.

2.3.3 Challenge Three: No Systems Administrator[33]

Die Dritte Challenge behandelt das Thema Wartung und Administration, welche in der vorhandenen Arbeit näher betrachtet wird. Bei der wachsenden Anzahl an Komponenten ist der Bewohner des Smart Home sehr schnell mit den administrativen Aufgaben überfordert, welche oft tiefergreifendes Wissen voraussetzen. Auch wenn die Entwicklung der Systeme darauf abzielt die Handhabung zu vereinfachen, ist es oft hilfreich diese administrativen Aufgaben an spezialisierte Fachkräfte auszulagern, welche für diese Art der Installationen geschult sind. Die Dienstleistung ist vergleichbar mit anderen Wartungstätigkeiten bei Heizungs- bzw. Alarmanlagenwartungen.

2.3.4 Challenge Four: Designing for Domestic Use[34]

Die Vergangenheit hat gezeigt das Benutzer Technologien in abgewandelter Form, anders als es die Hersteller vorgesehen hatten, benutzen. So hatten zum Beispiel die Hersteller der ersten Telefonsysteme keine soziale Interaktion mit anderen Familienmitgliedern oder Freunden im Sinn, sondern nur einen geschäftlichen Verwendungszweck ersonnen. Im Laufe der Zeit entdeckten Nutzer des Telefons jedoch den Mehrwert an der Kommunikation mit seinen Nächsten. Selbst die ersten Käufer von Mobiltelefonen, tätigten die Anschaffung um in Notfällen erreichbar zu sein und erkannten selbst sehr rasch den Vorteil darüber hinaus zu kommunizieren. Diese Beispiele machen klar, dass es sowohl für Hersteller als auch User schwer zu erkennen ist, welche Nutzungsmöglichkeiten eine neue Technologie neben der vorgesehenen noch bietet. Das Hauptaugenmerk beim Design neuer Lösungen muss auf die Gewohnheiten und Abläufe der Bewohner im Smart Home gerichtet sein und nicht auf die Fähigkeiten der Technologie selbst bzw. externer Einflussfaktoren. Nur durch diese konsequente Vorgehensweise beim Design der Lösungen, ist es möglich die Auswirkungen von neuen Technologien vorherzusagen und unvorhergesehene Verwendungen bzw. Überraschungen zu minimieren.

---

[33] Vgl. ebd., 261–62.
[34] Vgl. ebd., 262–64.

2.3.5 Challenge Five: Social Implications of Aware Home Technologies[35]

Das Einbringen neuer Technologie hat erhebliche soziale Auswirkungen welche im Vorfeld nur schwer greifbar sind. Um nur ein Beispiel zu nennen hat die Erfindung der Waschmaschine der Hausfrau eine Zeitersparnis bei der Hausarbeit gebracht. Diese konnte nicht wie zu erwarten wäre der Hausfrau zugutekommen, sondern wurde mit einer Verlagerung von anderen Tätigkeiten der restlichen Familienmitglieder in Richtung Hausfrau wieder zu Nichte gemacht. Das zeigt das die Auswirkungen oft auch einen gegenteiligen Effekt haben, als Jenen, der damit beabsichtigt wurde. Es wurde aus einer Technologie die Zeit einsparen sollte, eine Zeitverschiebungs-Technologie. Die Herausforderung beim Design einer Smart Home Technologie ist es, sich der Auswirkung bewusst zu sein und zu erkennen, dass selbst Technologien, die so einfach wie eine Waschmaschine sind, eine umfassende Veränderung der Dynamik der Gesellschaft haben können.

2.3.6 Challenge Six: Reliability[36]

Das Erreichen der erwarteten Zuverlässigkeitsstufe, vor allem in Verbindung mit der Ad-hoc-Anhäufung von Geräten, die in intelligenten Häusern erwartet werden können, stellt sich als große Herausforderung dar. Im Unterschied zu Desktop Computer sind die eingebrachten Geräte im Smart Home, vom TV bis zur Mikrowelle, sehr viel zuverlässiger. Gründe dafür sind unter anderem:

- Unterschiede in der Entwicklungskultur
- Unterschiede in den technologischen Ansätzen
- Unterschiede in den Erwartungen des Marktes
- Unterschiede in den Vorschriften

Die genannten Unterschiede tragen dazu bei, dass Dienstleistungen und Komponenten für das Smart Home zuverlässiger gestaltet werden können. Das beginnt bereits bei der Systemarchitektur, die Hardware Upgrades schon aus Kostengründen im Feld minimieren müssen, als auch Software Patches die erheblichen Tests vor Ausbringung unterworfen werden müssen. Bei den technologischen Ansätzen ist sowohl auf die Einfachheit der Komponenten als auch auf die Ausfallsicherheit Rücksicht zu nehmen. Ein Auslagern der Funktionalität in das Netzwerk bzw. die

---

[35] Vgl. ebd., 264–65.
[36] Vgl. ebd., 265–67.

Cloud und dabei die eingesetzten Komponenten nur noch als „Terminal" zu integrieren, ist ein Ansatz um die Produkte einfacher und flexibler zu gestalten. Der Dritte Aspekt ist die Erwartung des Marktes bzw. der Bewohner. Ein Ausfall der Komponenten wird anders als beim typischen Desktop PC wenig toleriert. Vielmehr wird erwartet das, dass System immer läuft und die Kompliziertheit der Technik vor dem Benutzer abgeschirmt wird. Zuletzt sind viele Vorschriften und Standards definiert welche im privaten Haushalt zu beachten sind, um Schaden für die Bewohner auszuschließen. Ein zuwiderhandeln hat in den meisten Fällen gesetzliche Konsequenzen zur Folge.

Abschließend kann festgestellt werden, dass die Zuverlässigkeit der Komponenten und Services durch die genannten Aspekte zunehmen und sich auf einem hohen Niveau einpendeln wird.

2.3.7 Challenge Seven: Inference in the Presence of Ambiguity[37]

Das Erkennen der Gewohnheiten der Benutzer und das richtige Schlussfolgern auf bestimmte Aktionen im Smart Home ist eines der Erfolgsfaktoren für Smart Home Services. Die Schlussfolgerung ist klar definiert, wenn die Handlungsoption nur an den Input eines Sensors angeknüpft ist. Sofern jedoch komplexe Schlussfolgerungen, die nicht nur aufgrund aufbereiteter Sensordaten getroffen werden, sondern auch das zukünftige Verhalten der Bewohner voraussagen müssen, besteht die Gefahr das falsche Entscheidungen hergeleitet werden. Nachfolgend sind unterschiedliche Formen der Sensorwahrnehmung im Smart Home beschrieben:

- Das System kann die Bedeutung von Sensordaten interpretieren um den Zustand der Umgebung zu erkennen.
- Das System kann mehrere Sensordaten und externe Faktoren kombinieren um einen bestimmten Zustand zu interpretieren. z.B. Mehrere Personen in einem Raum ergeben eine Besprechung
- Das System interpretiert die Wünsche der Bewohner aufgrund des Zustandes in der Umgebung. z.B. Der Besprechungsorganisator will eine Präsentation am TV anzeigen lassen.
- Zuletzt wird das System aktive Maßnahmen präventiv aufgrund der Daten umsetzen. z.B. Automatisches Teilen der Präsentation am TV.

---

[37] Vgl. ebd., 267–69.

Alle genannten Daten können auch widersprüchlich interpretiert werden bzw. falsche Schlussfolgerungen zur Folge haben. Wichtig ist das der Bewohner weiß wie das System zu der Schlussfolgerung gelangt. Die Vorhersagen bzw. Schlussfolgerungen hängen von folgenden Faktoren ab:

- Angesichts einer bestimmten Bedingung ist das erwartete Verhalten des Systems bekannt.
- Die Sensoren des Systems zur Erkennung oder Ableitung einer bestimmten Bedingung sind bekannt.
- Es gibt Vorkehrungen, dass der Benutzer das Verhalten des Systems überschreiben kann.

Je komplexer die Infrastruktur des Smart Home desto schwieriger sind die einzelnen Punkte zu erfüllen. Die Herausforderung für Entwickler ist es, Systeme zu schaffen die sicherstellen, dass der Bewohner die Schlussfolgerungen der Sensoren versteht, diese für ihn nachvollziehbar, vorhersagbar und bei Fehlverhalten wiederherstellbar sind.

Auch heute noch haben diese sieben Herausforderungen ihre Gültigkeit. So sahen mehrere Vertreter der Smart Home Szene bei einer Podiumsdiskussion im Jänner 2016 der Plattform „Digital Business Trends" noch Stolpersteine auf dem Weg zum „Smart Home". Eine der Fragen war, ob es als Smart anzusehen ist, die Heizung manuell per App zu aktivieren. Müsste nicht vielmehr die Heizungssteuerung positionsgesteuert funktionieren und erkennen das der Bewohner auf dem Weg nach Hause ist und die gewünschte Temperatur im Wohnbereich einstellen. Als weiterer Aspekt müssen auch Gadgets wie z.B. ein Regenschirm wissen, wann der Wetterbericht Regen voraussagt und das seinem Benutzer signalisieren.[38]

Wie schwierig es jedoch ist, die richtigen Wünsche zu manifestieren und vom System auswertbar zu machen erkannten auch Brush u. a. in ihrer Studie aus dem Jahr 2011. Eine befragte Person brachte ihre Erkenntnisse auf den Punkt.[39]

---

[38] Vgl. APA – Austria Presse Agentur eG., „Digital Business Trends: Experten sehen noch Stolpersteine auf dem Weg zum ‚Smart Home'", Digital Business Trends, zugegriffen 29. Juni 2017, http://www.dbt.at/Site/Rueckschau_DBT_28.01.2016.de.html.

[39] Vgl. A.J. Bernheim Brush u. a., „Home Automation in the Wild: Challenges and Opportunities", in Proceedings of the SIGCHI Conference on Human Factors in Computing Systems, CHI '11 (New York, NY, USA: ACM, 2011), 2115–2124, doi:10.1145/1978942.1979249.

> "I thought when I went into this, I'd want my alarm system integrated and I'd want these automatic features firing off in the background like, you know, I'd wake up and music is playing in my bathroom and the lights come up, you know all these Jetson type things. And the challenge with that, while they're all great, I don't live that structured of a life, not waking up into [it] every day, and I'm not going in the shower every day at the same time. And you know, I don't want to hear music all the time. So I don't think the routineness of automation is what I was really wanting." [40]

Diese Herausforderung wird auch von Burmester und seinen Kollegen in ihrer Arbeit dargestellt. Sie streichen heraus, dass das Smart Home selbstständig erkennen muss, welche Bedürfnisse die einzelnen Bewohner haben, ohne das der Bewohner diese konkret darstellen muss. Die Algorithmen müssen unabhängig der zeitlichen Komponente den Wunsch des Bewohners erkennen und auf ihn reagieren. Weiters verweisen sie auf Befragungen welche zeigten, dass Bewohner die Befürchtung haben, durch die Automatisierung im Smart Home zu bequem bzw. zu passiv zu werden.[41]

Dies unterstreicht eine Studie von Hassenzahl und Klapperich welche erkannt haben, dass durch die Automatisierung von Haushaltstätigkeiten die Möglichkeit für positive Erlebnisse, wie das Schritt für Schritt zubereiten eines Kaffees, genommen wird.[42]

Die Liste der Herausforderungen können noch beliebig weitergeführt werden, jedoch zeigen die genannten Beispiele bereits einen groben Überblick der Sachlage. Weitere werden im Kapitel zu den Servicemodellen noch weiterverfolgt.

---

[40] Vgl. ebd., 6.
[41] Vgl. Michael Burmester u. a., „Vom Problemlösen hin zum Entwerfen von Smart Homes für positive Momente und mehr Wohlbefinden", hg. von Begleitforschung Mittelstand-Digital WIK GmbH, *Begleitforschung Mittelstand-Digital WIK GmbH*, WISSENSCHAFT TRIFFT PRAXIS - Neue Formen des Home Experience Design, 4 (2016): 39–40.
[42] Marc Hassenzahl und Holger Klapperich, „Convenient, Clean, and Efficient?: The Experiential Costs of Everyday Automation", in *Proceedings of the 8th Nordic Conference on Human-Computer Interaction: Fun, Fast, Foundational*, NordiCHI '14 (New York, NY, USA: ACM, 2014), 21–30, doi:10.1145/2639189.2639248.

2.4 Aufbau und grundlegende Funktionsweise einer Smart Home Umgebung

Anknüpfend an die Begriffsdefinition im ersten Kapitel dieses Abschnitts, in dem die grundlegende Aufgabe eines Smart Home dargestellt wurde, wird nun die Frage verfolgt, wie das Smart Home bzw. Gebäudeautomation im Allgemeinen aufgebaut ist und wie sich deren grundlegende Funktionsweise darstellt.

Sowohl der Branchenverband BITKOM als auch die BACnet Interest Group Europe e.V. gliedern das Smart Home in drei logische Ebenen und verweisen dabei auf den Normungstext der DIN EN ISO 16484. Abbildung 3 stellt diese Ebenen grafisch dar.[43]

Neben den drei beschriebenen Ebenen lautend auf Managementebene, Automationsebene und Feldebene wird von der GFR - Gesellschaft für Regelungstechnik und Energieeinsparung mbH noch eine Systemengineering Ebene genannt, welche der Managementebene vorgelagert ist. Diese Engineering Ebene deckt die Bereiche Planung, Projektierung und Dokumentation ab und ist laut GFR im Zuge der Digitalisierung, „Internet of Things IoT" und „Building Information Modeling BIM" sowie „Industrie 4.0" in der Praxis erforderlich. Da diese jedoch nicht genormt bzw. in anderen Werken dargestellt ist, wird sie nicht weiterverfolgt. Die Nennung soll jedoch aufzeigen, dass durch die komplexer werdenden Projekte, welche in Zukunft auch im Smart Home Einzug halten werden, der Planungsphase ein hoher Stellenwert beizumessen ist.[44]

---

[43] Vgl. Glasberg und Feldner, „Studienreihe zur Heimvernetzung - Band 1 - Konsumentennutzen und persönlicher Komfort", 30–32; Vgl. Steven T. Bushby, H. Michael Newman, und Martin A. Applebaum, *VDI-TGA/BIG-EU Leitfaden zur Ausschreibung interoperabler Gebäudeautomation auf Basis von DIN EN ISO 16484-5 Systeme der Gebäudeautomation – Datenkommunikationsprotokoll (BACnet)*, übers. von Hans R. Kranz, 2. Aufl. (BACnet Interest Group Europe e.V., 2009), 16–19, http://www.big-eu.org/fileadmin/downloads/BACnet-Leitfaden2.8a-VDI-GA-BIG-EU-09-10-05.pdf.

[44] Vgl. GFR - Gesellschaft für Regelungstechnik und Energieeinsparung mbH, „Gebäudeautomation | GFR", Hersteller Website, zugegriffen 27. Juni 2017, https://www.gfr.de/produkte/gebaeudeautomation/.

Smart Home

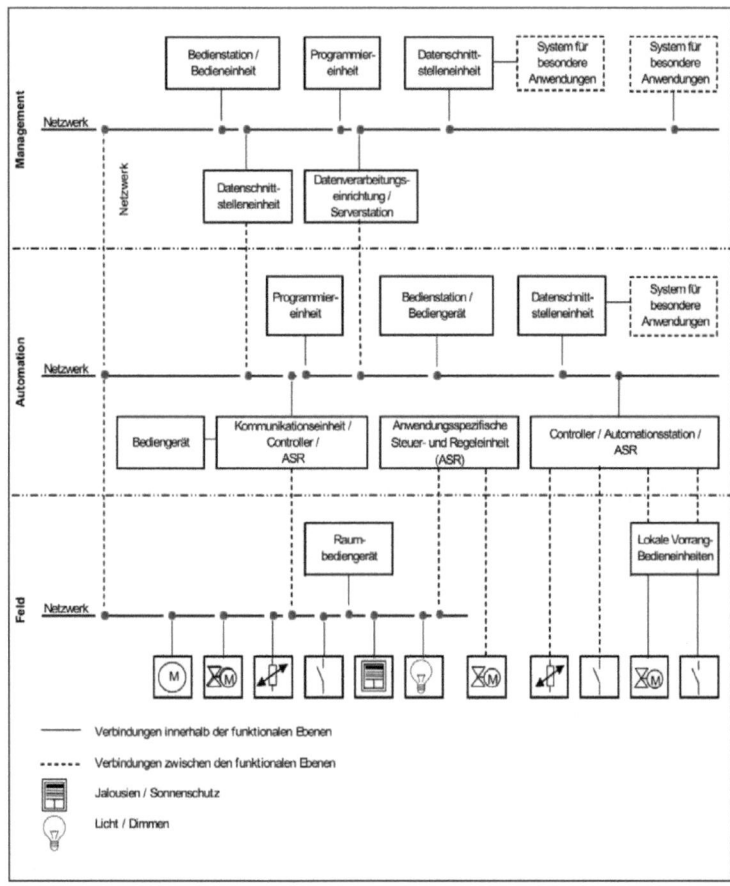

Abbildung 3: EN ISO 16484-2 Mögliche Verbindungen in GA-Systemen[45]

---

[45] Bushby, Newman, und Applebaum, *VDI-TGA/BIG-EU Leitfaden zur Ausschreibung interoperabler Gebäudeautomation auf Basis von DIN EN ISO 16484-5 Systeme der Gebäudeautomation – Datenkommunikationsprotokoll (BACnet)*, 19.

2.4.1 Management Ebene[46]

Als oberste Leitebene ist die Management Ebene als übergeordnete Bedienebene konzipiert, welche die unteren Ebenen für den Anwender visualisiert und die Anlage überwacht. Auf dieser Ebene werden historische Daten ausgewertet und statistisch bearbeitet. Für diese Aufgabe kommt spezielle Gebäudeleittechnik Software zum Einsatz die sowohl Herstellerabhängig als auch unabhängig fungieren kann.

Um die Abhängigkeit bestehender Anlagen von bestimmten Herstellern aufzubrechen, kommen Gateways zum Einsatz. Diese Gateways können proprietäre Bussysteme mit unterschiedlichen Protokollen und Übertragungsverfahren miteinander koppeln und so auf ein Herstellerunabhängiges System erweitern. Somit können Netzwerke die auf unterschiedlichen Übertragungsprotokollen basieren, untereinander kommunizieren. Dies muss jedoch vom jeweiligen Hersteller in Form einer dementsprechenden Systemerweiterung unterstützt werden.

2.4.2 Automationsebene[47]

Die Automatisierungsebene beinhaltet digitale Steuerungseinheiten DDC (Direct Digital Control) welche die Aktoren der Feldebene ansteuern. Dies Beruht auf vorgegebenen Sollwerten und gemessenen Sensordaten die in den jeweiligen Räumen gemessen werden. Die Anlagen werden dabei so gesteuert wie es in der Management Ebene nach den Vorgaben der Bewohner und in Abhängigkeit der jeweiligen Messwerte der Sensoren der Feldebene, definiert wurde. Über spezielle Feldbusse sind die DDC-Stationen untereinander und mit dem zentralen Management Server der Gebäudeautomationssoftware verbunden.

Trotz der fortlaufenden Standardisierung als auch dem Druck des Marktes sind nach wie vor proprietäre Bussysteme im Einsatz. Als herstellerübergreifende Bussysteme die von Integratoren eingesetzt werden sind KNX, BACnet und LON (Local Operating Network) zu nennen.

---

[46] Vgl. Glasberg und Feldner, „Leitfaden zur Heimvernetzung - Bedeutung und Nutzen der Heimvernetzung - Ausgewählte Anwendungsmöglichkeiten - Technologien - Planung und Einrichtung eines Heimnetzwerkes", 27–29.

[47] Vgl. Glasberg und Feldner, „Studienreihe zur Heimvernetzung - Band 1 - Konsumentennutzen und persönlicher Komfort", 30ff.

Im privaten Smart Home Bereich finden sich auch drahtlose Funksysteme wie den Standard ZigBee, WLAN oder Bluetooth.

2.4.3 Feldebene

In der Feldebene, auch als Mess- und Stellebene bezeichnet, sind die unterschiedlichen Sensoren und Aktoren beheimatet. Die Sensoren sind dafür zuständig Umgebungswerte zu erfassen, wie z.b. Bewegungsmelder oder Helligkeitssensoren. Aktoren dienen dazu Änderungen an der Umgebung zu initiieren, wie z.b. Schaltsignale für Beleuchtung, Heizungs- und Klimaanlage. Diese Sensoren und Aktoren sind entweder direkt über konventionelle Verkabelung oder vor allem Smarte Sensoren über Bussysteme mit den Steuerungseinheiten verbunden. Einige Sensoren können über das reine Messen hinaus mit zusätzlicher Intelligenz in Form eines Mikroprozessors ausgestattet sein. Diese sogenannten Smarten Sensoren können ihre Messwerte bereits für die nächste Ebene aufbereitet bereitstellen.[48]

In Abbildung 4 sind verschiedene Sensoren dargestellt, welche mögliche Einsatzgebiete aufzeigen.

---

[48] Vgl. Glasberg und Feldner, „Leitfaden zur Heimvernetzung - Bedeutung und Nutzen der Heimvernetzung - Ausgewählte Anwendungsmöglichkeiten - Technologien - Planung und Einrichtung eines Heimnetzwerkes", 28.

Smart Home

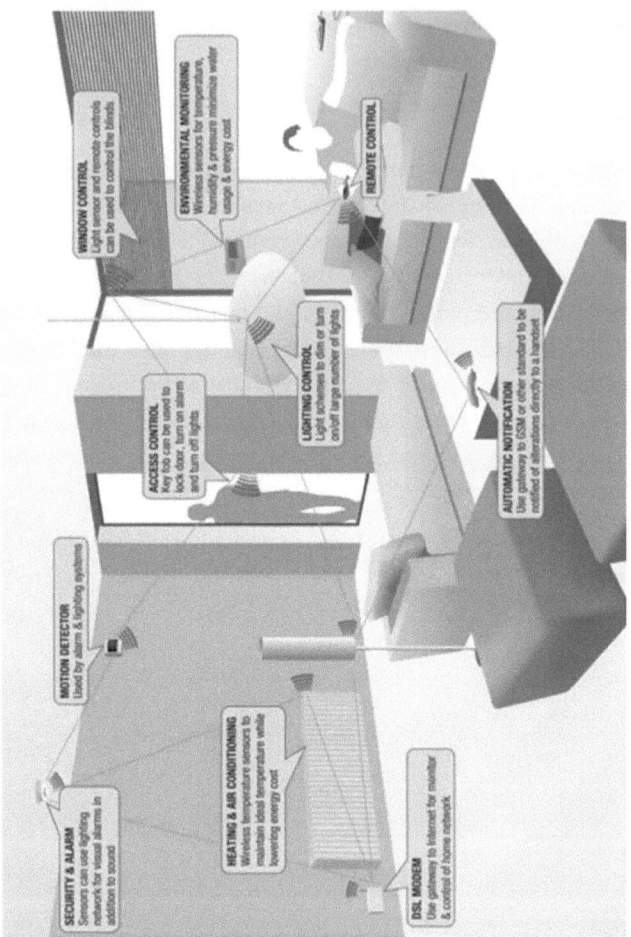

Abbildung 4: Mögliche Einsatzgebiete von Sensoren im vernetzten Heim[49]

Das Beispiel der Smarten Sensoren zeigt das mit zunehmender Miniaturisierung und der Übernahme an Funktionen anderer Ebenen, die Grenzen der einzelnen Ebenen zunehmend verschwimmen.

Neben der Unterteilung des Smart Home Environments in logische Ebenen, treffen Cook und Das wie in Abbildung 5 dargestellt, eine andere Aufteilung der

---

[49] Texas Instruments Incorporated, Hrsg., „ZigBee Wireless Networking Overview, 2013", 1, zugegriffen 28. Juni 2017, http://www.ti.com/lit/sg/slyb134d/slyb134d.pdf.

Komponenten eines „smart environment". Kernstück der Umgebung ist ein intelligenter Assistent der aufgrund der Informationen die er über die Bewohner und das Haus erfasst, dementsprechend reagiert und handelt.[50]

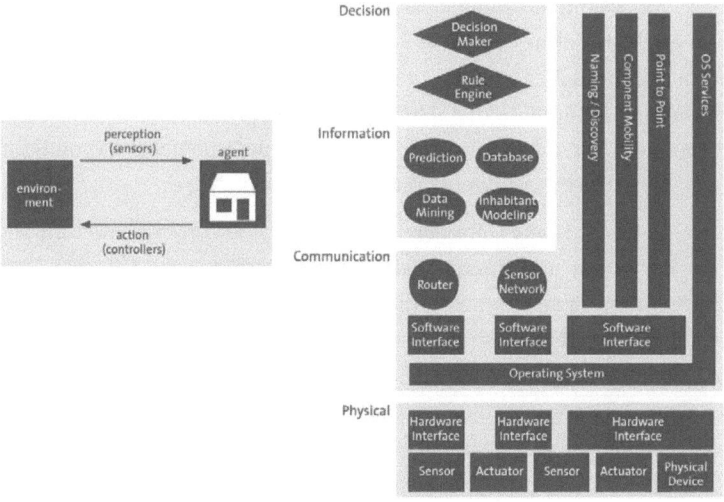

Abbildung 5: Die Komponenten einer smarten Umgebung[51]

Die genannten Darstellungen sind ein kleiner Ausschnitt über den Aufbau und die Funktionsweise eines Smart Home und strebt nicht nach Vollständigkeit. Hierzu dient das Studium der genannten Literatur für eine tiefergehende Auseinandersetzung mit dem Thema.

2.5 Standardisierung

Die Erörterungen im letzten Kapitel zu den Bussystemen macht deutlich wie wichtig eine Standardisierung im Smart Home Markt ist und unterstreicht die Erkenntnisse der Ausarbeitung der sieben Herausforderungen von Edwards und Grinter[52] aus dem Jahr 2001 als auch jene von Balta-Ozkan u. a. aus 2014[53].

---

[50] Vgl. Diane J. Cook und Sajal K. Das, „How smart are our environments? An updated look at the state of the art", *Pervasive and Mobile Computing*, Design and Use of Smart Environments, 3, Nr. 2 (1. März 2007): 53 73, doi:10.1016/j.pmcj.2006.12.001.
[51] Glasberg und Feldner, „Studienreihe zur Heimvernetzung - Band 1 - Konsumentennutzen und persönlicher Komfort", 8.
[52] Vgl. Edwards und Grinter, „At Home with Ubiquitous Computing".

Aus diesem Grund haben sich bereits mehrere Initiativen gefunden die sich dem Thema angenommen haben.

Ebenso Benjamin Aigner vom FH Technikum Wien[54]bemerkte, bei der im Kapitel 2.3 bereits erwähnten Podiumsdiskussion der Plattform „Digital Business Trends", dass es am Markt zwar etablierte Technologien gebe, diese jedoch Großteiles als Insellösungen gestaltet sind, die nicht miteinander kommunizieren. *„Die großen Schrittmacher der Entwicklung sind daher Sicherheit und Zusammenarbeit der Systeme sowie die Nutzerfreundlichkeit."*[55]Weiters würden objektive Produktinformationen und ein Gütesiegel bereits Wirkung zeigen.

Ein solches Smart Home Gütesiegel wird im Zuge des, vom Deutschen Ministerium für Wirtschaft und Energie seit Juli 2012 geförderten Projekts „Zertifizierungsprogramm Smart Home + Building", entwickelt. Das Smart Home ready-Siegel dürfen Hersteller auf ihren Produkten anbringen, sofern sie die definierten Interoperabilitäts-Eigenschaften und IT-Sicherheits-Anforderungen implementiert haben. Die im Smart Home eingebrachten Geräte, Gateways oder Komponenten die das Gütesiegel tragen, müssen normenkonform interagieren können. Das Ziel des Smart Home ready-Siegels ist es, den unterschiedlichen Gruppen, wie Endbenutzer, Integrator oder Handel, eine Orientierungshilfe auf dem unübersichtlichen Smart Home-Markt zu geben. In Abbildung 6 ist der geplante Prozess von der Prüfung bis zur Siegelvergabe des Smart Home ready-Siegels dargestellt. Der abgebildete Prozess war zum Zeitpunkt der Studie aktueller Diskussionsstand.[56]

---

[53] Vgl. Balta-Ozkan, Boteler, und Amerighi, „European smart home market development".
[54] Vgl. APA – Austria Presse Agentur eG., „Digital Business Trends: Experten sehen noch Stolpersteine auf dem Weg zum ‚Smart Home'".
[55] Ebd.
[56] Vgl. Wolfgang Klebsch u. a., „Statusbericht SMART HOME IT-Sicherheit und Interoperabilität als Schrittmacher für den Markt" (Frankfurt: VDE VERBAND DER ELEKTROTECHNIK ELEKTRONIK INFORMATIONSTECHNIK e. V., November 2014), 30, zugegriffen 7. Jänner 2017, http://partner.vde.com/smarthome/news/statusbericht/documents/broschuere%20status bericht%20smart%20home_a4_60%20seiten.pdf.

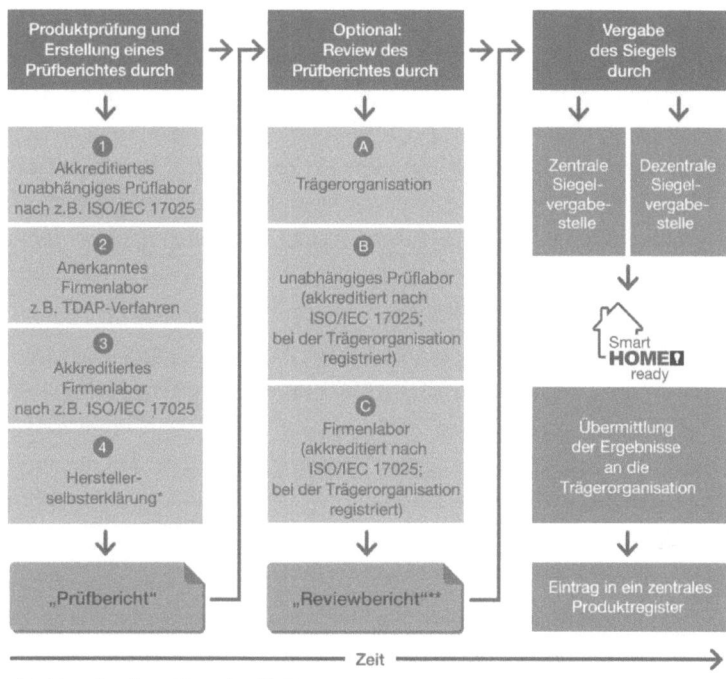

Abbildung 6: Prozess von der Prüfung bis zur Siegelvergabe (das abgebildete Logo ist ein Entwurf in Bearbeitung)[57]

Neben dem Gütesiegel ist auch das vorantreiben von Standards von bedeutender Wichtigkeit. Bereits im Jahr 2008 hat der Bundesverband Informationswirtschaft, Telekommunikation und neue Medien e. V BITKOM in seiner Studie „Gesellschaftlicher Nutzen der Heimvernetzung" mehrere Handlungs-empfehlungen in diese Richtung ausgesprochen. Laut Studie soll die Etablierung von industrieübergreifender, zukunftssicherer Standards gefördert werden um die Interoperabilität und Kompatibilität von Geräten unterschiedlicher Hersteller zu gewährleisten. Diese Standardkonformen Geräte sollen auch für den Verbraucher durch ein einfach erkennbares Qualitätssiegel erkennbar sein.[58]

---

[57] Ebd., 33.
[58] Vgl. Matthias Brucke u. a., „Studienreihe zur Heimvernetzung - Band 2 - Gesellschaftlicher Nutzen der Heimvernetzung" (Berlin-Mitte: BITKOM Bundesverband Informationswirt-

Ebenso gibt es bereits in Österreich Initiativen die die Standardisierung vorantreiben sollen. Die MA23 der Stadt Wien fördert seit 2014 das Projekt Namens ViTAL (assistiVe domoTics for Autonomous Living) welches am FH Technikum Wien umgesetzt wird. Ziel ist es, ein quelloffenes Steuerungssystem zu entwickelt, mit dem verschiedene Anwendungen und Prozesse zentral über eine Handy-App oder ein Webinterface gesteuert werden können. Sowohl die Integration klassischer Haussteuerungssysteme für Beschattung, Licht oder Heizung als auch die Einbindung von E-Health-Anwendungen wie Blutdruck, Puls, Gewicht und ähnliches ist in der Lösung vorgesehen.[59]

Nicht nur auf den Ausschnitt des Smart Home bezogen, ist Standardisierung und Normung wichtig. Im Zuge der Smart City Initiative des österreichischen Klima- und Energiefonds, wurde im Mai 2015 ein Bericht verfasst, welcher sich intensiv mit dem Thema Standardisierung und Normung beschäftigt. Ziel des Projekts ist es, dass Österreich eine aktive Mitarbeit bei der Erarbeitung europäischer Normen im Smart City Kontext einnimmt und national erarbeitete Indikatoren in den Prozess der Standardisierung einbringt.[60]

Zuletzt sind in den nachfolgenden Tabellen 3 und 4 Systeme und Plattformen aufgelistet welche im April 2016 durch eine Internetrecherche bei der Erstellung des Berichts „Marktperspektiven für die intelligente Heimvernetzung – 2016" im Auftrag des Deutschen Bundesministeriums für Wirtschaft und Energie (BMWi) von Botthof, Heimer und Strese gesichtet wurden. Neben der reinen Auflistung der Systeme wurden die unterschiedlichen Ansätze zusätzlich einer anschließenden Einschätzung, nach typischen Merkmalen und Kriterien aus Anwendersicht unterzogen. Die

---

schaft, Telekommunikation und neue Medien e. V., Oktober 2008), 40, zugegriffen 18. September 2016, https://www.bitkom.org/Bitkom/Publikationen/Gesellschaftlicher-Nutzen-der-Heimvernetzung.html.

[59] Vgl. Friedrich P., „Project ViTAL (assistiVe domoTics for Autonomous Living)", *Department of Embedded Systems*, zugegriffen 7. Mai 2017, https://embsys.technikum-wien.at/projects/ViTAL/index.php.

[60] Vgl. Wibke Tritthart u. a., „Smart City STANDARDS Normung für die nachhaltige Entwicklung von Städten und Kommunen", Grundlagen für die Normung Teil 2: Potenziale der Normung und Prozessmodule (Wien: Klima- und Energiefonds, Mai 2015), zugegriffen 25. Mai 2017, http://www.smartcities.at/assets/03-Begleitmassnahmen/SC-STANDARDS-Bericht-Teil2-fin.pdf.

Tabelle 4 lässt somit Aussagen über die Interoperabilität der einzelnen Systeme zu, um sich ein Bild der Integrierbarkeit machen zu können.[61]

Tabelle 3: Systeme und Plattformen für das Smart Home im Vergleich[62]

Name des Systems bzw. der Allianz (Treiber)	Zahl der Partner	assoziierte Partner	Link
Systeme			
Belkin WEMO	1		www.belkin.com/de/produkte/c/home-automation/c/wemo-home-automation
Bluetooth Smart (Bluetooth SIG)	Bluetooth ca. 24000		www.bluetooth.com/marketing-branding/markets/home-automation
devolo	1		www.devolo.com/de
digitalSTROM-Allianz (ETH Zürich)	43		www.digitalstrom.org/allianz
EnOCEAN Alliance (EnOCEAN)	>160	>200	www.enocean-alliance.org/de/unsere_mitglieder
Gigaset elements	1		www.gigaset.com/de_de/gigaset-elements.html
HomeMatic und HomeMatic IP (eQ-3)	6		www.eq-3.de/produkte/homematic-ip.html www.eq-3.de/homematic.html
KNX (KNX Association)	404	61335	www.knx.org
LON (LonMark International, LMI)	62	64	www.lonmark.org
Loxone Electronics GmbH	5		www.loxone.com
RWE SmartHome (RWE)	7		www.rwe-smarthome.de

---

[61] Vgl. Alfons Botthof, Thomas Heimer, und Hartmut Strese, „SmartHome2Market Marktperspektiven für die intelligente Heimvernetzung – 2016" (Berlin: Bundesministerium für Wirtschaft und Energie (BMWi), Juni 2016), 8–17, zugegriffen 30. Juni 2017, http://www.digitale-technologien.de/DT/Redaktion/DE/Downloads/Publikation/smarthome-broschuere.pdf?_blob=publicationFile&v=9.

[62] Ebd., 16–17.

SAMSUNG Smart Home	1		www.samsung.com/ch/smarthome
The Thread Group (Google/Nest)	220		www.threadgroup.org
TRON Smart Home	über 295		www.tronweb.super-nova.co.jp/toyotadreamhousepapi.html
Works with Nest (Google/Nest, Revolv)	72		www.nest.com/works-with-nest
ZigBee	230		www.zigbee.org
Z-Wave	375		z-wavealliance.org
Plattformen			
AllSeen Alliance (Qualcomm)	12	>200	www.allseenalliance.org
ECHONET LITE	35	174	www.echonet.jp/wp/wp-content/uploads/pdf/General/Download/data2_e.pdf
EEBus Initiative e. V.	59	8	www.eebus.org/eebus-initiative-ev
Fritz!Box (AVM)	1		www.avm.de/produkte
Home Gateway Initiative	34		www.homegatewayinitiative.org
Home Kit (Apple)	50		www.apple.com/de/ios/homekit
HyperCat	60	10	www.hypercat.io/consortium.html
Open Connectivity Foundation	194		www.openconnectivity.org
openHAB	1		www.openhab.org
QIVICON (Deutsche Telekom)	35		www.qivicon.com

Tabelle 4: Systeme u. Plattformen f. d. Smart Home im Vergleich - Details[63]

Reifegrad Plattformansatz	Endnutzerorientierung	Öffentlichkeitswirksamkeit (Presse / Medien)	Tragfähigkeit des Geschäftsmodells	Zugänglichkeit	Integration von IT-Herstellern	Integration von Anwendungsherstellern	Integration von Sensor-Aktor-Herstellern	Integration des Handwerks	Integration von Diensten	Anteil der verfügbaren Anwendungen	Abdeckung der Wertschöpfungskette	IP-basiert	Cloud-basiert	Name des Systems bzw. der Allianz (Treiber)
														Systeme
●	●	●	●	●						●			●	Belkin WEMO
●	●	●	●	●	●	●	●		●	●	●	●	●	Bluetooth Smart (Bluetooth SIG)
●	●	●	●	●	●	●	●	●	●	●	●	●	●	devolo
●	●	●	●	●	●	●	●	●	●	●	●	●	●	digitalSTROM-Allianz (ETH Zürich)
●	●	●	●	●	●	●	●	●	●	●	●			EnOCEAN Alliance (EnOCEAN)
●	●	●	●			●				●			●	Gigaset elements
●	●	●	●	●	●	●	●	●	●	●	●	●	●	HomeMatic und HomeMatic IP (eQ-3)
●	●	●	●	●	●	●	●	●	●	●	●			KNX (KNX Association)
●	●	●	●	●	●	●	●	●	●	●	●	●		LON (LonMark International, LMI)
●	●	●				●	●		●	●	●		●	Loxone Electronics GmbH
●	●	●	●	●	●	●			●	●	●	●	●	RWE SmartHome (RWE)
●	●	●	●	●					●	●	●	●	●	SAMSUNG Smart Home
●	●	●	●	●	●	●	●		●	●	●	●	●	The Thread Group (Google/Nest)
●	●	●	●	●	●	●		●	●	●				TRON Smart Home
●	●	●	●	●	●	●	●		●	●	●	●	●	Works with Nest (Google/Nest, Revolv)
●	●	●	●	●	●	●	●		●	●	●	●	●	ZigBee
●	●	●	●	●	●	●	●		●	●	●		●	Z-Wave
														Plattformen
●	●	●	●	●	●	●	●		●	●	●	●	●	AllSeen Alliance (Qualcomm)
●	●	●	●	●	●	●	●	●	●	●	●	●	●	ECHONET LITE
●	●	●	●	●	●	●	●	●	●	●	●		●	EEBus Initiative e. V.
●	●	●		●	●	●	●		●	●	●	●	●	Fritz!Box (AVM)
●	●	●	●	●	●	●		●	●	●	●			Home Gateway Initiative
●	●	●	●	●	●	●			●	●	●	●	●	Home Kit (Apple)
●		●		●	●	●			●			●	●	HyperCat
●		●		●	●	●			●	●	●			Open Connectivity Foundation
●		●	●					●	●				●	openHAB
●	●	●	●	●	●	●		●	●	●	●		●	QIVICON (Deutsche Telekom)

Legende: Leeres Feld: Nicht zutreffend bzw. nicht bekannt
● sehr gering ● gering ● mittel ● hoch ● sehr hoch

---

[63] Ebd.

An den genannten Beispielen zeigt sich das die Standardisierung bereits fortgeschritten, der Markt sich jedoch, geprägt durch die vielen Anbieter und Systeme, nach wie vor sehr heterogen darstellt. Die Bemühungen zur Standardisierung der Systeme müssen somit weitergeführt werden.

2.6 Datenschutz und -sicherheit

Die Sicherheit und der Schutz der Daten und der Privatsphäre ist auch beim Smarten Home ein wichtiger Aspekt. Anfang 2017 mahnte der Datenschutzratsvorsitzende Johann Maier, beim Europäischen Datenschutztag im Bundeskanzleramt, nicht zu übersehen, dass die kritische Öffentlichkeit bereits von einem Post-Privacy-Zeitalter spricht. Dies sei auf Big Data bzw. schwer lösbare Sicherheitsprobleme bei der Zunahme von vernetzten Geräten, wie zum Beispiel im Smart Home, zurückzuführen.[64]

In den letzten Monaten häufen sich in der Tat Vorfälle, bei denen Systeme kompromittiert oder Sicherheitslücken in Smart Home Systemen entdeckt wurden. So geschehen im September 2016 als das Team des c't Magazins eine kritische Sicherheitslücke im Smart-Home-System des österreichischen Herstellers Loxone Electronics aufdeckte.[65]

Weiters zeichnete, bei einer auszugsweisen Untersuchung einiger Smart Home Geräte im April 2017, die Redaktion des c't Magazins abermals ein vernichtendes Urteil für die Sicherheit der Geräte und die Datensicherheit des Bewohners.

---

[64] Vgl. Bundeskanzleramt Österreich, „Datenschutz in Europa – Globale Ausrichtung - Aktuelle Nachrichten aus dem Bundeskanzleramt", zugegriffen 7. Mai 2017, https://www.bka.gv.at/-/datenschutz-in-europa-globale-ausrichtung.

[65] Vgl. Nico Jurran, „Hintereingang inklusive, Fatales Sicherheitsleck beim Smart-Home-System von Loxone", c't Magazin 19/2016 (3. September 2016): 72–75.

„Welche Risiken ein Kunde durch den Betrieb eines IoT- oder Smart-Home-Geräts eingeht, verheimlichen die Hersteller konsequent: Versteckte Sensoren, Dienste und Funktionen, mit Standard-Passwort oder gar nicht abgesichert, deren Existenz Spezifikationen, Bedienungsanleitungen und Verpackung verschweigen. Für Hacker ist dies ein Paradies, in dem sie sich ungestört breit machen, Daten abschöpfen und Geräte für Angriffe missbrauchen können. [...] Ein IoT-Gerät ist für den Besitzer eine Blackbox, deren exakte Funktion und deren Sicherheit er nicht überblicken kann. Für das lokale Netzwerk, in dem private Dokumente und Bilder kursieren, eine nicht einzuschätzende Gefahr." [66]

Ebenso sieht Benjamin Aigner vom FH Technikum Wien einen großen Teil der derzeitigen Installationen in der Wohnumgebung bereits als angreifbar. So ließe sich beliebig das Licht einschalten, die Jalousien rauffahren oder die Alarmanlage ausschalten.[67]

Aus den oben genannten Gründen ist es somit unabdingbar, dass Thema Sicherheit in der wissenschaftlichen Arbeit intensiv betrachtet wird. Ein Beispiel unter vielen die sich bereits wissenschaftlich mit dem Thema auseinandersetzen ist die Arbeit von Jacobsson und Davidsson. Sie skizzieren basierend auf einer Risikoanalyse eines Smart Home, welche in Zusammenarbeit mit führenden Industrie Unternehmen entwickelt wurde, einen Weg für ein allgemeines Modell für die Sicherung der Privatsphäre und der Sicherheit im Smart Home.[68]

Auch die Politik hat das Thema Datenschutz und -sicherheit erkannt. Der deutsche Bundesminister für Justiz und Verbraucherschutz Heiko Maas sieht beim Safer Internet Day im Februar 2017 die Politik in der Pflicht, technische Neuerungen kritisch-konstruktiv zu begleiten. Mit gesetzlichen Regelungen ist der Missbrauch von Daten im vernetzen Zuhause vorzubeugen. Weiters bekräftigte Maas den Grundsatz der Datensparsamkeit aus der europäischen Datenschutz-Grundverordnung. Nur Daten, die für das jeweilige Service unbedingt erforderlich

---

[66] Jonas von Malottki und Mirko Dölle, „Digitaler D-Day, Installationswege und versteckte Funktionen gefährden Privatsphäre und Sicherheit", *c't Magazin* 08/2017 (1. April 2017): 75.

[67] Vgl. APA – Austria Presse Agentur eG., „Digital Business Trends: Experten sehen noch Stolpersteine auf dem Weg zum ‚Smart Home'".

[68] Vgl. Andreas Jacobsson und Paul Davidsson, „Towards a model of privacy and security for smart homes" (IEEE, 2015), 727–32, doi:10.1109/WF-IoT.2015.7389144.

sind, sollen erhoben werden. Diese wenn möglich anonymisiert erfasst und nach der geplanten Verwendung wieder gelöscht werden.[69]

Neben dem Aufdecken von Risiken, Schaffen von Standards und gesetzlichen Regelungen bleibt wie in der Computerwelt üblich oft nur noch der Schutz durch spezielle Software, welche ungewollten Zugriff auf die Komponenten im Smart Home verhindern. Dr. Steffen Wendzel und sein Team von der Bonner Abteilung »Cyber Defense« des Fraunhofer-Instituts für Kommunikation, Informationsverarbeitung und Ergonomie FKIE in Wachtberg entwickelten eine Filtersoftware die potentielle Angriffe aus den Kommunikationsprotokollen der Smart Home Infrastruktur herausfiltert und somit die einzelnen Komponenten schützt.[70]

Um auch die Sicht des Konsumenten zu kennen befragte LSP Digital im Frühjahr 2015 5.046 Personen über das Für und Wider des smarten Wohnens. Die Ergebnisse wurden in einer Studie veröffentlicht und zeigen in Abbildung 7 recht deutlich, dass die Sorge um die Privatsphäre als wichtigstes Argument gegen eine Smart Home Lösung spricht. Auch die Angst vor Hacker-Attacken wird oft als Argument dagegen genannt. Demgegenüber wird aus Sicht der Sicherheit als Vorteil die Einbruchsicherheit angeführt.[71]

---

[69] Vgl. Bundesministerium der Justiz und für Verbraucherschutz, „Artikel | ‚Smart Home – Wie digital wollen wir wohnen?'", zugegriffen 25. Mai 2017, http://www.BMJV.de/SharedDocs/Artikel/DE/2017/02142017_SID2017.html.
[70] Vgl. Fraunhofer-Gesellschaft zur Förderung der angewandten Forschung e.V., „Auf dem Weg zum sicheren Smart Home - Forschung Kompakt September 2014 - Thema 1", *Fraunhofer-Gesellschaft*, zugegriffen 29. Jänner 2017, http://www.fraunhofer.de/de/presse/presseinformationen/2014/September/auf-dem-weg-zum-sicheren-smart-home.html.
[71] Vgl. Mathias Brandt, „Infografik: Das Für und Wider des smarten Wohnens, Auszüge aus der Studie ‚Die Vermessung des digitalen Konsumenten'", *Statista Infografiken*, zugegriffen 7. Juli 2017, https://de.statista.com/infografik/3718/pro-und-contra-smart-home/.

Das Für und Wider des smarten Wohnens

Auszüge aus der Studie "Die Vermessung des digitalen Konsumenten"

Nutzen von Smart-Home*		Gründe, die gegen Smart-Home sprechen**	
Energieeinsparungen	59%	Sorge um Privatsphäre	35%
Mehr Komfort im Alltag	57%	Geräte zu teuer	32%
Einbruchsicherheit	47%	Automatisierung ist unheimlich	27%
Technisch auf dem aktuellen Stand sein	16%	Angst vor Hacker-Attacken	24%
Wertsteigerung von Immobilie	14%	Technisch nicht ausgereift	15%

* Personen mit Interesse an Smart-Home-Anwendungen
** Personen ohne Interesse an Smart-Home-Anwendungen

5.046 Befragte, Erhebungszeitraum 31.03.2015 bis 15.04.2015
Quelle: LSP Digital

statista

Abbildung 7: Das Für und Wider des smarten Wohnens[72]

Bereits 2012 beantworteten 1.014 Mitglieder des CleanEnergy Projects eine Umfrage mit ähnlichem Trend bei den Ergebnissen. Hier hatten 41% der Befragten den Punkt „Angst vor Datenmissbrauch" als den Hauptgrund gegen ein Smart Home genannt, wohingegen 50% die Frage „Sicherheit - elektronische Überwachung elektrischer Geräte" auf der positiven Seite gesehen haben.[73]

Ähnlich sahen es die 6.265 Befragten aus 6 Ländern bei der neuesten Umfrage von Bosch und Twitter im August 2016. Hier sehen 30% der Befragten Bedenken bezüglich des Datenschutzes und 58% sehen die Sicherheit bei Einbruch auf der positiven Seite der Smart Home Nutzung.[74]

Beim Thema Datenschutz und -sicherheit sind nach jetzigem Stand der Erkenntnisse noch viele Fragen ungelöst und müssen in weiteren gemeinsamen Anstrengungen von Herstellern, Dienstleistern, Wissenschaft und Politik weiterverfolgt werden um das Smart Home zum sicheren Erfolg zu führen.

---

[72] Ebd.
[73] Vgl. GlobalCom PR-Network GmbH, „Smart Homes sind keine Zukunftsmusik – Clean Energy Project", *cleanenergy-project, März 2012*, zugegriffen 29. Jänner 2017, http://www.cleanenergy-project.de/smart-homes-sind-keine-zukunftsmusik/.
[74] Vgl. „Umfrage: Smart-Home-Technologien werden noch völlig unterschätzt" (Robert Bosch GmbH, August 2016), 14, zugegriffen 29. Jänner 2017, http://www.bosch-presse.de/pressportal/de/de/umfrage-smart-home-technologien-werden-noch-voellig-unterschaetzt-58240.html.

3 Servicemodelle

Im letzten Kapitel wurden die wichtigsten Aspekte rund um das Thema Smart Home umrissen. Im aktuellen Abschnitt liegt der Fokus auf dem zweiten großen Thema dieser Arbeit, den Servicemodellen. Es werden die unterschiedlichen Geschäftsmodelle und deren Umfeld betrachtet und im Speziellen auf das Thema Service Dienstleistungen eingegangen.

3.1 Begriffsbestimmung und Definitionen

Servicemodelle für das Smart Home, wie sie in der vorliegenden Arbeit betrachtet werden, sind in der Literatur kaum vertreten. Der Fokus des genannten Begriffes Servicemodell, im Zuge dieser Arbeit, liegt auf der Erbringung von Dienstleistungen welche der Wartung und Reparatur der bestehenden Anlagen dienen. Die aktuelle Literatur bzw. die Diskussionen rund um Smart Home Dienstleistungen beschäftigen sich jedoch nicht mit dem Service und der Nachbetreuung der Anlagen, sondern zielen auf die Implementations-dienstleistungen ab. Bereits 2013 beschäftigte sich eine Studie mit dem Thema Dienstleistungen im AAL Umfeld und musste feststellen, dass es in Verbindung mit Smart Home noch keine nennenswerten Geschäftsmodelle, geschweige denn Servicemodelle gibt.[75]

Um dennoch in das Thema Dienstleistungs- und Geschäftsmodelle einzutauchen, sind im Folgenden in der Tabelle 5 einige Definitionen zu Geschäftsmodellen aufgelistet. Schallmo hat in seinem Werk „Theoretische Grundlagen der Geschäftsmodell-Innovation – Definitionen, Ansätze, Beschreibungsraster und Leitfragen" Anhand einer Literatur Recherche mehrere Definitionen in einer Übersicht Zusammengefasst und diese miteinander verglichen.[76]

---

[75] Vgl. „Studie zur Geschäftsmodellentwicklung für den AAL-Markt unter Berücksichtigung der österreichischen Rahmenbedingungen" (Baden - Siegenfeld: WPU Wirtschaftspsychologische Unternehmensberatung GmbH, Juni 2013), 39–41, zugegriffen 18. Juli 2017, https://www.ffg.at/sites/default/files/allgemeine_downloads/thematische%20programme/aal-geschaeftsmodelle.pdf.

[76] Vgl. Daniel R.A. Schallmo, Hrsg., *Kompendium Geschäftsmodell-Innovation - Grundlagen, aktuelle Ansätze und Fallbeispiele zur erfolgreichen Geschäftsmodell*-Innovation (Wiesbaden: Springer Fachmedien Wiesbaden, 2014), 1ff, doi:10.1007/978-3-658-04459-6.

Tabelle 5: Ausgewählte Definitionen zu Geschäftsmodell[77]

Autor	Definition Geschäftsmodell
Amit und Zott 2001, S. 493	„A business model depicts the design of transaction content, structure, and governance so as to create value through the exploitation of business opportunities"
Bieger und Reinhold 2011, S. 32	„Ein Geschäftsmodell beschreibt die Grundlogik, wie eine Organisation Werte schafft. Dabei bestimmt das Geschäftsmodell, 1) was ein [sic!] Organisation anbietet, das von Wert für Kunden ist, 2) wie Werte in einem Organisationssystem geschaffen werden, 3) wie die geschaffenen Werte dem Kunden kommuniziert und übertragen werden, 4) wie die geschaffenen Werte in Form von Erträgen durch das Unternehmen „eingefangen" werden, 5) wie die Werte in der Organisation und an Anspruchsgruppen verteilt werden und 6) wie die Grundlogik der Schaffung von Wert weiterentwickelt wird, um die Nachhaltigkeit des Geschäftsmodells in der Zukunft sicherzustellen"
Hamel 2001, S. 10	„The four boxes in the diagram represent the major components of a business model: customer interface, core strategy, strategic resources, and value network. These basic components are linked by three ‚bridging' components: customer benefits, configuration of activities, and company boundaries"
Hawkins 2002, S. 308	„In other words, a business model describes how an enterprise gears up its resources, planning capabilities and processes to the revenue producing potential of a specific product or service. By focusing in on this relationship to revenue producing potential, a new context is provided for assessing the planning and operational aspects of an enterprise, and for assessing the relationship between on-line and off-line trading environments"
Johnson et al. 2008, S. 60	„A business model, from our point of view, consists of four interlocking elements that, taken together, create and deliver value. The most important to get right, by far, is the first"
Magretta 2002, S. 4	„Who is the customer? And what does the customer value? It also answers the fundamental question every manager must ask: How do we make money in this business? What is the underlying economic logic that explains how we can deliver value to the customers at an appropriate cost?"
Mitchell und Coles 2003, S. 17	„A business model is the combination of ‚who', ‚what', ‚when', ‚where', ‚why', ‚how', and ‚how much' an organization uses to provide its goods and services and develop resources to continue its efforts"
Osterwalder und Pigneur 2010, S. 14	„A business model describes the rationale of how an organization creates, delivers, and captures value"

---

[77] Ebd., 3.

Pateli und Giaglis 2004, S. 308	„In other words, business models are not conceived as a purely management-related concept, but embrace a broad spectrum of organizational activities, from the operational (processes) to the strategic level. Moreover, given the evolution of networked organizations and the growing adoption of eBusiness [sic!], the definition of business models has been extended to include inter-organizational activities, roles, and elements as well"
Rappa 2004, S. 34	„A business model is a method of doing business. All business models specify what a company does to create value, how it is situated among upstream and downstream partners in the value chain, and the type of arrangement it has with its customers to generate revenue"
Skarzynski und Gibson 2008, S. 112	„We define a business model as a conceptual framework for identifying how a company creates, delivers and extracts value. It typically includes a whole set of integrated components, all of which can be looked on as opportunities for innovation and competitive advantage."
Weiner et al. 2010a, S. 23	„A business model is a conceptual tool containing a set of objects, concepts and their relationships with the objective to express the business logic of a specific firm. Therefore we must consider which concepts and relationships allow a simplified description and representation of what value is provided to whom, how this is done and with which financial consequences"
Wirtz 2010, S. 70	„Ein Business Model stellt eine stark vereinfachte und aggregierte Abbildung der relevanten Aktivitäten einer Unternehmung dar. Es erklärt [sic!] wie durch die Wertschöpfungskomponente einer Unternehmung vermarktungsfähige Informationen, Produkte und/oder Dienstleistungen entstehen. Neben der Architektur der Wertschöpfung werden die strategische sowie Kunden- und Marktkomponente berücksichtigt, um das übergeordnete Ziel der Generierung bzw. Sicherung des Wettbewerbsvorteils zu realisieren"

Man sieht anhand der Tabelle 5 dass sich die Definitionen bzw. Begrifflichkeiten für ein Geschäftsmodell voneinander unterscheiden. Nach Zott, Amit und Massa gibt es eine ausführliche Diskussion über die richtige Definition des Begriffs des Geschäftsmodells in der Wissenschaft.[78] Jene ist wiederum dadurch begründet, da

---

[78] Vgl. Christoph Zott, Raphael Amit, und Lorenzo Massa, „The Business Model: Recent Developments and Future Research", *Journal of Management* 37, Nr. 4 (1. Juli 2011): 1019–1042, doi:10.1177/0149206311406265.

nach Teece das Konzept des Geschäftsmodells keine etablierte theoretische Fundierung in der BWL oder in der VWL hat.[79]

Mit dem Hintergrund der Geschäftsmodell Entwicklung stellt sich die Frage ob es den Unternehmen gelingt ein Geschäftsmodell zu entwickeln, das die hohen Anforderungen der privaten Konsumenten an ein Servicemodell für das Smart Home gerecht wird.

Fleisch, Weinberger und Wortmann zeigen in Abbildung 8 auf, dass im Internet der Dinge unterschiedliche Ebenden anzutreffen sind, welche bei einem auf Smart Home auszurichtenden Geschäftsmodell Berücksichtigung finden müssen.[80]

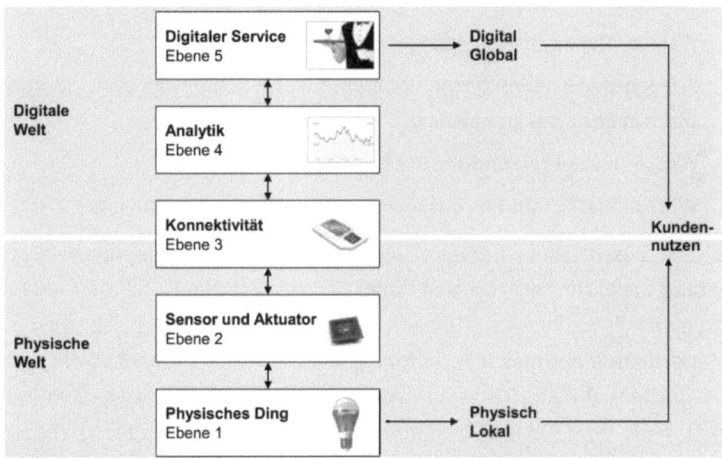

Abbildung 8: Wertschöpfungsstufen einer Anwendung im IoT[81]

Ein Unternehmen muss sich bei der angestrebten Service Dienstleistung sowohl in der physischen Welt, wie sie auf den Ebenen 1-3 dargestellt sind, als auch in der digitalen Welt, welche auf Ebene 4 und 5 erkennbar sind, wiederfinden. Nur wenn ein Unternehmen auf allen Ebenen die Expertise mitbringt, ist ein erfolgreiches Servicemodell denkbar.

---

[79] Vgl. David J. Teece, „Business models, business strategy and innovation", *Long range planning*, Business Models, 43, Nr. 2 (1. April 2010): 174, doi:10.1016/j.lrp.2009.07.003.
[80] Vgl. Elgar Fleisch, Markus Weinberger, und Felix Wortmann, „Geschäftsmodelle im Internet der Dinge", *Schmalenbachs Zeitschrift für betriebswirtschaftliche Forschung* 67, Nr. 4 (1. Dezember 2015): 446–49, doi:10.1007/BF03373027.
[81] Ebd., 447.

Durch die große Bandbreite an notwendigem Know-How in den unterschiedlichen Ebenen und der Fokus auf das Service- und nicht das Produktgeschäft, ergeben sich laut Fischer, Gebauer und Fleisch neue Herausforderungen und Fragen für die einzelnen Unternehmen, welche im Folgenden aufgelistet sind und nach Beantwortung suchen.[82]

- „Wie viel und welches Servicegeschäft ist angemessen?
- Gibt es Entwicklungsstufen auf dem Pfad einer produktdominanten zu einer servicedominanten Organisation?
- Wie kann die Dienstleistungs-entwicklung, -vermarktung und -erbringung optimal organisiert werden – auf regionaler wie auf internationaler Ebene?
- Welche Dienstleistungskategorien gibt es?
- Wie können Kunden davon überzeugt werden, für ehemals kostenlose Dienstleistungen zu bezahlen?
- Wie sieht die Preisfindung aus?
- Wie organisiert und incentiviert man die Verkaufsorganisation?"[83]

Neben den beschriebenen gingen Fleisch und seine Kollegen einer weiteren Fragestellung nach. Im Kern werden dabei die strategischen und operativen Eigenschaften von Produkten und Dienstleistungen gegeneinander abgewogen und in einem nachhaltig optimalen Verhältnis gehalten. Weiters streichen sie heraus das im IoT Business die Run Time Services beziehungsweise der digitale Kontakt zum Kunden, nach dem Verkauf zunimmt. Die Aufrechterhaltung und Nutzung der Kundenbeziehung, wird den Unternehmen mittels IT-basierter Services ermöglicht. Dies ist ein wesentlicher Aspekt im Zusammenhang mit der Entwicklung eines Geschäftsmodells im Service Umfeld.[84]

In den nächsten Unterkapiteln wird näher auf die einzelnen Akteure, Rollen und Potentiale bei der Dienstleistungserbringung eingegangen, um im Kapitel 4 abschließend unter anderem die Anforderungen der Anwender an ein Servicemodell darzustellen, welche als Grundlage für ein Geschäftsmodell dienen können.

---

[82] Thomas Fischer, Heiko Gebauer, und Elgar Fleisch, *Service Business Development: Strategies for Value Creation in Manufacturing Firms* (Cambridge, UK: Cambridge University Press, 2012), 37ff, https://www.alexandria.unisg.ch/215276/.
[83] Fleisch, Weinberger, und Wortmann, „Geschäftsmodelle im Internet der Dinge", 458f.
[84] Vgl. ebd., 459.

3.2 Rollen in der Dienstleistungserbringung

Das Smart Home Ecosystem bzw. IoT im Allgemeinen besteht aus unterschiedlichen Technologien und erfordert somit unterschiedliche Rollen, die mit der Umsetzung betraut werden. Capgemini nennt dazu vier bis fünf Rollen vom Plattform- und Software Anbieter über den Smart Home Service- bis hin zum Endgeräte Anbieter. Eine weitere Rolle des Integrators, die bereits in Abbildung 9 eingearbeitet ist, wird von 64% der Experten welche in der Capgemini Studie befragt wurden als auch von 83% der befragten Kunden als notwendig erachtet.[85]

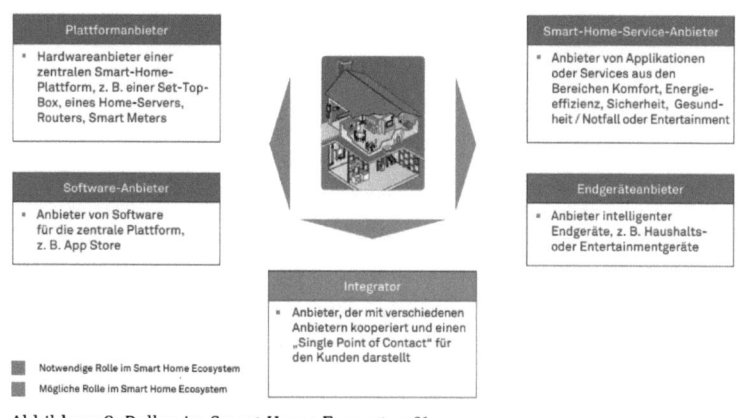

Abbildung 9: Rollen im Smart Home Ecosystem[86]

Weiters ist die Studie der Frage nachgegangen, welche der Anbietergruppen die Rolle des Integrators aus Kundensicht einnehmen können. In Abbildung 10 sind die von Kunden als hauptgenannte spezialisierten Gebäudetechniker bzw. Automation-Anbieter führend, gefolgt von Telekommunikationsanbietern und den Energieversorgern. Experten sahen die Telekommunikationsanbieter auf dem ersten Platz gefolgt von den spezialisierten Gebäudetechnikern.[87]

---

[85] Vgl. Silvia Boßow-Thies u. a., „Smart Home - Zukunftschancen verschiedener Industrien" (München: Capgemini Deutschland GmbH, Dezember 2011), 10ff, zugegriffen 22. Juli 2017, https://www.de.capgemini.com/energieversorger/smart-home.
[86] Ebd., 10.
[87] Vgl. ebd., 10ff.

Servicemodelle

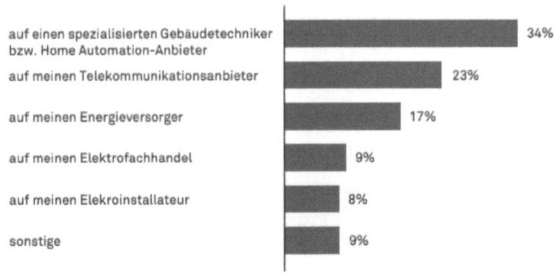

Abbildung 10: Bevorzugte Integrator-Anbietergruppen - Kundensicht[88]

Bereits im Jahr 2003 haben Barlow und Venables ebenfalls über die Rollen im Smart Home nachgedacht. Damals gab es noch kein Smart Home Business und in welcher Art die einzelnen Industriezweige Geschäftsmodelle für das Smart Home entwickeln würden, war noch sehr unklar. Doch schon damals sahen Barlow und Venables die Telekommunikationsunternehmen in einer zentralen Rolle um neue Geschäftsmodelle zu generieren.[89]

Schmid, Pospiech und Felden haben in ihrer Studie aus dem Jahr 2015 ebenfalls das Thema Rollen identifiziert und stellen nicht nur die Frage nach der umsetzenden Rolle, sondern hinterfragen dahinter auch das Personal. Sie erkennen, dass das notwendige Personal in der geforderten breiten Ausbildung aktuell nicht am Markt verfügbar ist. Außerdem wird darauf hingewiesen das die Industrie aktuell keinen kompetenten Integrator aufweist der sich direkt und intensiv mit dem Kunden in Verbindung setzt.[90] Die Rolle des Integrators wird in dieser neuen Studie jedoch bereits als gegeben anerkannt.

---

[88] Ebd., 11.
[89] Vgl. James Barlow und Tim Venables, „Smart Home, Dumb Suppliers? The Future of Smart Homes Markets", in *Inside the Smart Home*, hg. von Richard Harper (London: Springer-Verlag, 2003), 258f, doi:10.1007/1-85233-854-7_13.
[90] Vgl. M. T. Schmid, M. Pospiech, und C. Felden, „Identification of Smart Home Potentials in Germany", in *2015 IEEE 12th Intl Conf on Ubiquitous Intelligence and Computing and 2015 IEEE 12th Intl Conf on Autonomic and Trusted Computing and 2015 IEEE 15th Intl Conf on Scalable Computing and Communications and Its Associated Workshops (UIC-ATC-ScalCom)* (Freiberg, 2015), 1213f, doi:10.1109/UIC-ATC-ScalCom-CBDCom-IoP.2015.220.

3.3 Potentiale

Dem Smart Home werden seit Jahren große Wachstums Chancen nachgesagt welche in der Vergangenheit nicht eingetreten sind. Seit 2014 hat sich laut der Fokusgruppe Connected Home jedoch eine Eigendynamik am Markt etabliert, welche die Anzahl der Smart Home Haushalte stark anwachsen lassen. Diese ist sowohl durch herstellerübergreifende Allianzen sowie günstigen Rahmenbedingungen entstanden. Bei konservativen Schätzungen, welche einer Studie von Deloitte entnommen wurde und in Abbildung 11 dargestellt ist, könnten bis zum Jahr 2020 eine Million Smart Home-Haushalte in Deutschland umgesetzt sein. Diese Anzahl könnte unter optimalen Rahmenbedingungen bereits im Jahr 2018 erreicht werden.[91] Gartner schätzt das sich die Anzahl der Smart Homes Weltweit von 100 bis 200 Millionen im Jahr 2015 bis ins Jahr 2020 auf 500 bis 700 Millionen entwickeln werden.[92]

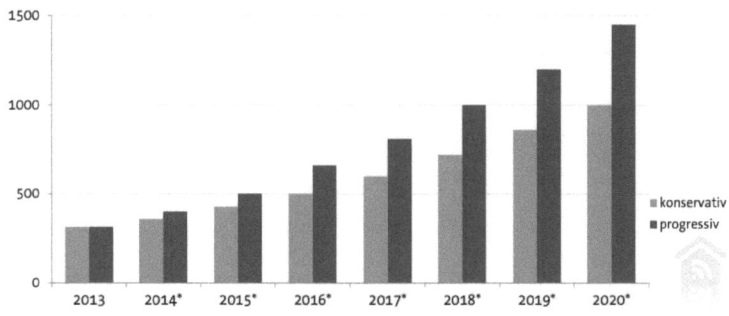

Abbildung 11: Deutschland - Smart Home-Haushalte in Tausend[93]

Auch die Umsätze im Smart Home Markt lassen sich laut Deloitte in den nächsten Jahren stark steigern. Abbildung 12 zeigt, aufgeschlüsselt nach funktionalen Marktsegmenten die Umsatzprognose bis ins Jahr 2017. Dabei ist zu erkennen das sich das Wachstum vornehmlich auf den Marktsegmenten Pflege & Gesundheit und Home Cloud stützt und die beiden anderen Segmente Convenience & Security und Smart Energy nur moderat steigen. Begründet wird dieses Wachs-

---

[91] Vgl. „Marktaussichten für Smart Home", 4ff.
[92] Vgl. Firstpost, „IoT at home: 700 million smart connected homes expected by 2020", Firstpost, zugegriffen 22. Juli 2017, http://www.firstpost.com/business/iot-home-700-million-smart-connected-homes-expected-2020-2382006.html.
[93] „Marktaussichten für Smart Home", 10.

tum durch die traditionell hohe Zahlungsbereitschaft im Pflege & Gesundheitsbereich und durch Angebote auf dem Gebiet der medizinischen Überwachung und Ferndiagnose, die das etablierte Angebot der automatisierten Notrufsysteme ergänzen. Im Home Cloud Bereich trägt das Speichern digitaler Inhalte auf Netzwerkspeichern welches aktuell schon sehr populär ist, für viele Konsumenten den Einstieg in das Smart Home dar.[94]

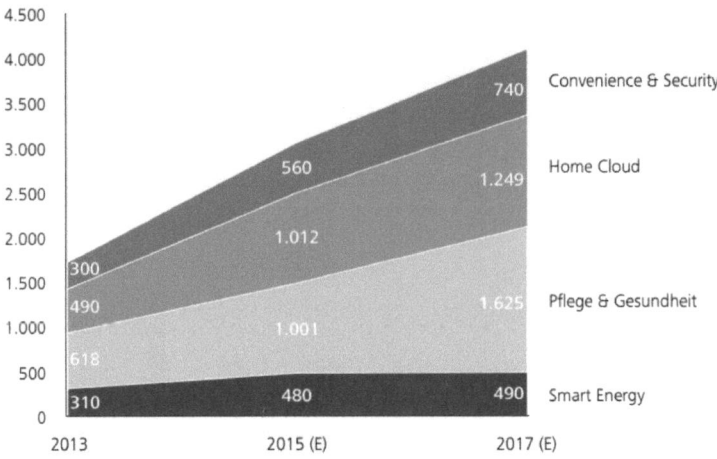

Abbildung 12: Europäische Smart Home-Umsätze nach funktionalen Marktsegmenten (in Mio. €)[95]

Die Frage, warum sich der Markt in einem Aufschwung befindet, ist laut der Fokusgruppe Connected Home daran begründet, dass das Smart Home in letzter Zeit verstärkt in das öffentliche Interesse gerückt ist, welches an folgenden fünf Gründen liegt:[96]

---

[94] Vgl. „Licht ins Dunkel-Erfolgsfaktoren für das Smart Home" (Deloitte & Touche GmbH, November 2013), 16, zugegriffen 29. Jänner 2017, http://www.connected-living.org/content/4-information/4-downloads/4-studien/22-licht-ins-dunkel-erfolgsfaktoren-fuer-das-smart-home/licht-ins-dunkel-erfolgsfaktoren-fuer-das-smart-home.pdf.
[95] Ebd.
[96] Vgl. „Marktaussichten für Smart Home", 5.

- **Neue Angebote für den Volumenmarkt**
  Innovative, benutzerfreundliche und kostengünstigere Lösungen lassen neue Kundengruppen entstehen
- **Start-up-Aktivitäten**
  Junge Innovative Unternehmen zeigen die Zukunft anhand kostengünstiger und intuitiv bedienbarer Geräte
- **Kooperationen und Allianzen**
  Etablierte Technologieunternehmen schmieden Allianzen um Smart Home-Standards und -Plattformen zu entwickeln. Die Ziele sind offene Schnittstellen und ein All-IP-Ansatz.
- **Makrofaktoren**
  Für altersgerechte Assistenzsysteme und ein effizientes Energiemanagement dient das Smart Home als Treiber.
- **Wachsender Nachrüstmarkt und dynamischer Wohnungsmarkt**
  Sowohl der Nachrüstmarkt als auch die Planung eines Smart Home bei Neubau- und Sanierungsvorhaben begünstigen die Marktentwicklung

Weiters beeinflussen unterschiedlichste Faktoren das Marktwachstum welche in

Tabelle 6 in den Themenbereichen Marktumfeld, Technologie und Innovation, Gesellschaft und Makroebene und zuletzt Effizientes Energiemanagement zusammengefasst sind.[97]

---

[97] Vgl. ebd., 7.

Tabelle 6: Aktuelle Smart Home Markttreiber[98]

Marktumfeld	Technologie und Innovation
<ul><li>Boom bei vernetzten Endgeräten</li><li>Fallende Hardwarepreise</li><li>Kaufkraft relevanter Smart Home-Zielgruppen</li><li>Markteintritt bedeutender Player</li><li>Zusammentreffen von Angebot und Nachfrage bei smarten Diensten und Geräten</li></ul>	<ul><li>Verbreitung von Smartphones und Tablets als Smart Home-Bedienlösungen</li><li>Vernetzbarkeit als Innovationsfeld bei Hausgeräten und klassischer Haus- und Sanitärtechnik</li><li>Qualifikation von Smart Home-Fachkräften für Beratung, Verkauf, Installation und Service & Support</li><li>Steigende Bedeutung von (Daten-)Sicherheit als Value Added Service</li></ul>
Gesellschaft & Makroebene	**Effizientes Energiemanagement**
<ul><li>Dynamik des Immobilienmarktes (Neubauten)</li><li>Demographische Entwicklung (Senioren, Singles)</li><li>Zunehmende gesellschaftliche Mobilität</li><li>Bedeutung des eigenen Zuhauses (»Cocooning«)</li><li>Ausweitung von Smart Home-Angeboten auf neue Lebenswelten (Connected Car, Gesundheit, etc.)</li><li>Vorhandensein von politischem Willen</li></ul>	<ul><li>Smart Home als infrastrukturelle Voraussetzung für die Energiewende</li><li>Entwicklung der Energiepreise</li><li>Effizientes Speichern und Verteilen von Energie (z.B. Elektromobilität)</li></ul>

Auch ein Bericht vom Juni 2016 der im Auftrag des Bundesministeriums für Wirtschaft und Energie (BMWi) entstanden ist, beschäftigt sich mit den Marktperspektiven für die intelligente Heimvernetzung. Nachdem können Unternehmen die prognostizierten wirtschaftlichen Potenziale, durch den Fokus auf die Themen Interoperabilität und Sicherheit des Smart Home in Verbindung mit klaren Nutzenaussagen, Mehrwerten und Vorteilen für die Konsumenten erhöhen.[99] Diese Aussage deckt sich mit der bereits in Kapitel 2.6 erwähnten Studie des Clean-Energy Project aus dem Jahre 2012. Hier sahen die Teilnehmer die Aufklärung der Verbraucher, das Angebot der Industrie, die Einigung auf Standards, das Interesse

---

[98] Ebd.
[99] Vgl. Botthof, Heimer, und Strese, „SmartHome2Market Marktperspektiven für die intelligente Heimvernetzung – 2016", 6.

der Verbraucher und zuletzt die politischen Entscheidungen als maßgebliche Treiber um die Potentiale des Smart Home Marktes zu nutzen.[100]

3.4 Marktbezogene Herausforderungen

Spricht man von Marktbezogenen Herausforderungen ist die Beschäftigung mit der von Porter entwickelten These der fünf Wettbewerbskräfte unumgänglich. Diese beschreiben in Abbildung 13 die Verhandlungsmacht der Lieferanten bzw. der Kunden, die Bedrohung durch potentielle neue Konkurrenten, die Bedrohung durch Ersatzprodukte und die Wettbewerber in der Branche.[101]

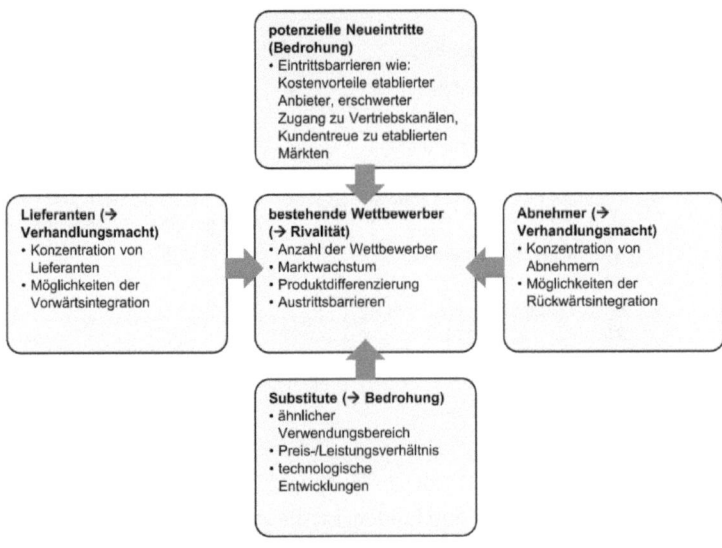

Abbildung 13: Mikro-Umfeld von Geschäftsmodellen mit Beispielen (in Anlehnung an Porter,1980, S. 4 und Homburg, 2000, S. 117)[102]

Die von Porter genannten Wettbewerbskräfte finden sich auch in der Darstellung eines möglichen Smart Home Geschäftsmodell von Capgemini Consulting wieder. Capgemini Consulting definieren das Geschäftsmodell in drei zusammenhängen-

---

[100] Vgl. GlobalCom PR-Network GmbH, „Smart Homes sind keine Zukunftsmusik – Clean Energy Project", 19.
[101] Vgl. Michael E. Porter, „The Five Competitive Forces That Shape Strategy", *Harvard Business Review*, HBR's 10 Must Reads on Strategy, 2008, 25–40.
[102] Daniel Schallmo, *Geschäftsmodell-Innovation - Grundlagen, bestehende Ansätze*, (Wiesbaden: Springer Fachmedien Wiesbaden, 2013), 36, doi:10.1007/978-3-658-00245-9.

de Elemente, entlang derer die Smart Home Geschäftsmodelle gestaltet werden. Diese sind: Target - das adressierbare Wertpotenzial, Interaction - die Kundeninteraktion und Creation - die Art und Weise der operativen Wertschöpfung. In einer Studie die mit 20 Experten aus der Industrie durchgeführt wurde, wurde folgende Frage gestellt: „Welche Punkte würden Sie als die drei kritischsten Bereiche Ihres (zukünftigen) Smart Home Business betrachten?". Die Ergebnisse welche in Abbildung 14 dargestellt sind haben ergeben, dass neben den Produkten/Services und Vertriebskanälen für 61% der Befragten das Partnernetzwerk der kritischste Erfolgsfaktor ist.[103]

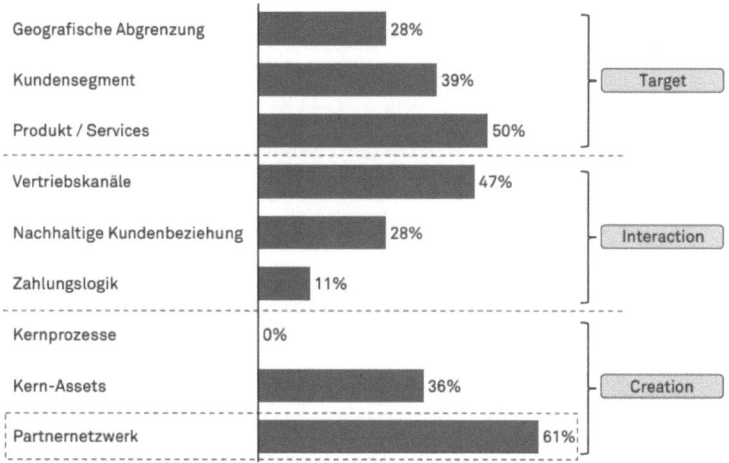

Abbildung 14: Bedeutung der Geschäftsmodellkomponenten - Expertensicht[104]

Neben den kritischen Erfolgsfaktoren ist es auch wichtig die Stärken und Schwächen zu kennen. Schmid, Pospiech, und Felden haben in ihrer Studie „Identification of Smart Home Potentials in Germany" aus dem Jahr 2015 Anhand einer Literatur Recherche gefolgt von der Auswertung von Experten Interviews eine SWOT-Analyse zum Marktpotential am Deutschen Smart Home Markt erstellt, welche in Abbildung 15 dargestellt ist.[105]

---

[103] Vgl. Boßow-Thies u. a., „Smart Home Zukunftschancen verschiedener Industrien", 0.
[104] Ebd.
[105] Vgl. Schmid, Pospiech, und Felden, „Identification of Smart Home Potentials in Germany", 1214.

Bei den Stärken nennen sie die Verwendung einer Vielzahl von Produkten um die Exporte zu erhöhen und die Beteiligung von Wohnungsbaugesellschaften, insbesondere in bestehenden Mietermärkten als Chance. Die Gefahren zeigen die Entwicklung neuer funkbasierter Systeme und die Erweiterung der Datenschutzrichtlinien für derartige Systeme auf. Bei den Schwächen zählen die Erweiterung des Einsatzes offener integrierter Plattformen sowie konsequente Weiterentwicklung von Softwarelösungen zur Reduzierung der Inkompatibilität und AAL-Geschäftsmodelle als Chance. Zuletzt reihen sich die erhöhten Marketinginvestitionen, die Gestaltung von geeigneten Berufsprofilen zur Installation von Smart Homes und Anreize zur Verbesserung der Zusammenarbeit als Gefahren auf.

		Internal analysis	
		Strenghts	Weaknesses
External analysis	Opportunities	SO-strategies: - Use variety of products to increase exports - Involvement of housing associations, especially in the presence of tenant's markets	WO-strategies: - Expansion of the use of open integrated platforms as well as consequent development of software-solutions to reduce incompatibility - AAL-business models
	Threats	ST-strategies: - Development of new radio-based systems - Expansion of data security policies for radio-based systems	WT-strategies: - Increased marketing-investments - Formation of adequate occupational profiles to install Smart Homes - Incentives to increase collaborations

Abbildung 15: SWOT-Analyse[106]

Bei den Gefahren deckt sich der Punkt der Notwendigkeit von geeigneten Berufsprofilen mit der Erkenntnis des vom Bundesministerium für Wirtschaft und Energie (BMWi) geförderten Projekts „Zertifizierungsprogramm Smart Home + Building". Auch die Autoren des Berichts weisen darauf hin, dass die Erweiterung der Angebote für Aus- und Weiterbildung für den Handel und das Handwerk notwendig ist. Auch Ambient Assisted Living wird dabei angesprochen.[107] Im Detail werden folgende beachtenswerten Punkte als Überschriften aufgelistet:[108]

---

[106] Ebd.
[107] Vgl. Klebsch u. a., „Statusbericht SMART HOME IT-Sicherheit und Interoperabilität als Schrittmacher für den Markt", 49ff.
[108] Ebd.

- „Stärkung der Beratungskompetenz von Handwerk und Handel im Bereich Smart Home"
- „Erhöhung der Akzeptanz von AAL-Anwendungen für Dienstleister und Patientenvertretungen"
- „Etablierung von Beratungsangeboten für die Zulassung von Smart Home-Produkten"
- „Vernetzung von Kompetenzteams in Handel und Handwerk unter Einbindung der Hersteller"

In dem Zusammenhang wird empfohlen, dass der Aufbau der Smart Home Community fortgeführt wird. Dies kann z.B. durch die Einbindung von weiteren Stakeholdern oder die Einrichtung von Arbeitsgruppen-Workshops gelingen.[109]

Bereits 2008 listet der Branchenverband BITKOM folgende Handlungsempfehlungen und Maßnahmen zur Förderung der Marktentwicklung und Konsumentenakzeptanz auf:[110]

- „Etablierung industrieübergreifender Standards
- Einführung einer für den Verbraucher verständlichen Kategorisierung von Produkten, Diensten und auch ganzer Immobilien bezüglich Ihrer Heimvernetzungspotenziale
- Kooperative Förderung der Weiterbildung von Fachkräften, die mit der Installation und Wartung systemübergreifender Standards (IKT, Consumer Electronics, Elektrik, Klima, Heizung etc.) betraut sind
- Weitere Erhöhung der Breitbandpenetration in privaten Haushalten"

Seit dem Erscheinen des Berichts haben sich einige Handlungsempfehlungen wie der Breitbandausbau abgeschwächt, jedoch ist die Weiterbildung der Fachkräfte nach wie vor ein wichtiger Punkt der verfolgt werden muss. Eine im Jahr 2016 von ManpowerGroup International durchgeführten Studie, zeigt nach wie vor einen sehr hohen Fachkräftemangel bei der Berufsgruppe der IT-Fachleute.[111]

---

[109] Vgl. ebd.
[110] Arnold Picot u. a., „Studienreihe zur Heimvernetzung - Band 3 - Treiber und Barrieren der Heimvernetzung", 47.
[111] Vgl. „Studie zum Fachkräftemangel 2016", *Manpower*, zugegriffen 27. Juli 2017, https://www.manpower.at/studie-fachkraeftemangel-2016.

Dieser Aspekt stellt aktuell die größte Herausforderung bei der Weiterbildung der Fachkräfte und der Marktdurchdringung des Smart Homes dar.

3.5 Akzeptanz des Smart Home Einsatzes

3.5.1 Das Technologieakzeptanzmodell (TAM)

Spricht man von Akzeptanz in Zusammenhang mit Technologie ist die Auseinandersetzung mit dem Technologieakzeptanzmodell (TAM) nach David u.a. von großer Bedeutung. Beim Einführen einer neuen technologischen Innovation, wie es beim Einsatz von IoT im Smart Home durchgeführt wird, ist es zielführend, die Akzeptanz der Bewohner bzw. Konsumenten zu analysieren, um gegebenenfalls frühzeitig Maßnahmen setzen zu können. Der Akzeptanzfaktor für das neu zu vertreibende Produkt oder Dienstleistung ist für eine erfolgreiche Umsetzung und Inbetriebnahme von zentraler Bedeutung. Dieser basiert zum Ersten auf der wahrgenommenen Nützlichkeit (Perceived Usefulness), welche die subjektive Empfindung des Benutzers ist, seine Arbeitsleistung zu verbessern. Zum Zweiten auf der wahrgenommenen Benutzerfreundlichkeit (Perceived Ease of Use), die das Empfinden wiederspiegelt, mit wie wenig Aufwand das Erlernen der Nutzung der neuen Technologie vollzogen werden kann. Diese beiden Faktoren werden von externen Variablen bzw. Einflüssen bestimmt und führen zur Einstellung gegenüber der Nutzung (Attitude Toward Using), welche in weiterer Folge zur Nutzungsabsicht (Behavioral Intention to Use) und zuletzt zur tatsächlichen Nutzung (Actual System Use) führt. In Abbildung 16 ist das nach Davis u.a. konzipierte Technologie Akzeptanz Modell dargestellt.[112]

---

[112] Vgl. Fred D. Davis, Richard P. Bagozzi, und Paul R. Warshaw, „User Acceptance of Computer Technology: A Comparison of Two Theoretical Models", Management Science 35, Nr. 8 (August 1989): 982–1003, doi:10.1287/mnsc.35.8.982.

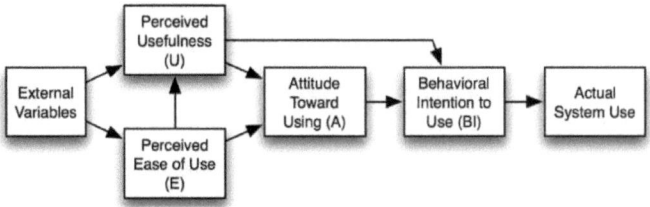

Abbildung 16: Technology Acceptance Model (TAM)[113]

Im Jahr 2000 wurde das TAM durch Venkatesh und Davis erweitert und als TAM 2 veröffentlicht. Hierbei wurden die Eingangsvariablen in die Gruppen sozialer Einfluss und kognitive Prozesse gegliedert und weiter unterteilt. Die Variablen Subjective Norm, Image und Freiwilligkeit (Voluntariness) werden, neben der Variable Erfahrung (Experience), der Gruppe sozialer Einfluss zugewiesen. Wohingegen die Variablen Jobrelevanz (Job Relevance), Output Qualität (Output Quality) und Ergebnisklarheit (Result Demonstrability) der Gruppe der kognitiven Prozesse zugewiesen werden. Eine Darstellung dazu findet sich in Abbildung 17.[114]

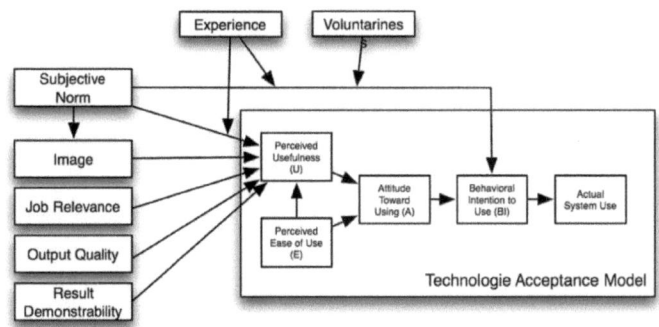

Abbildung 17: Technology Acceptance Model 2 (TAM2)[115]

---

[113] Nippie, *Aufbau des Technology Acceptance Models*, Own work, zugegriffen 29. Juli 2017, https://commons.wikimedia.org/wiki/File:Technology_Acceptance_Model.png.

[114] Vgl. Viswanath Venkatesh und Fred D. Davis, „A Theoretical Extension of the Technology Acceptance Model: Four Longitudinal Field Studies", Management Science 46, Nr. 2 (1. Februar 2000): 186–204, doi:10.1287/mnsc.46.2.186.11926.

[115] Nippie, *Übersicht Technology Acceptance Model 2*, Own work, zugegriffen 29. Juli 2017, https://commons.wikimedia.org/wiki/File:TAM2.png.

3.5.2 Akzeptanz in Bezug auf das Smart Home

Wie sich in den vorhergehenden Kapiteln gezeigt hat hängt die Akzeptanz von Smart Homes vom Nutzen ab, den sich der Benutzer, von der jeweiligen Technologie verspricht.

Holroyd, Watten und Newbury bringen in ihrem Konferenzpapier die beiden ausschlaggebenden Faktoren für eine Smart Home Nutzung auf den Punkt. Die Frage *„Why is my home not smart?"* wird von ihnen unter anderem mit folgendem Zitat beantwortet:

> "This, however, will not happen until smart technology systems and smart homes in general become more user friendly with each area having a killer feature which can be used as a main selling point." [116]

Ebenso wird in der Studie von LSP Digital vom Frühjahr 2015 in Abbildung 7, der Nutzen der Smart Home Lösungen den Gründen gegen eine Smart Home Lösung gegenübergestellt. Daraus ist ebenfalls die Wichtigkeit des Nutzens ersichtlich.[117]

Neben der Bedienbarkeit werden auch die Kosten für ein Smart Home bzw. eine Service Dienstleistung mit dem Nutzen in Zusammenhang gebracht, wie Balta-Ozkan u. a. in ihrer Studie zum Europäischen Smart Home Markt aufzeigen. Benutzer die zum Beispiel nicht genug Wert auf die Zukunft legen, werden keine hohen Anschaffungskosten für ein Smart Home in Kauf nehmen, da sie keine zukünftigen Vorteile, wie zum Beispiel ein mögliches Energieeinsparungspotential, in ihren Überlegungen berücksichtigen.[118]

Welche konkreten Einflussfaktoren aus Benutzersicht dafür verantwortlich sind, dass die intelligente Haustechnik Verbreitung findet, ist in der Literatur aktuell noch unbefriedigend beantwortet bzw. diskutiert.[119]

---

[116] Patrick Holroyd, Phil Watten, und Paul Newbury, „Why Is My Home Not Smart?", in *Aging Friendly Technology for Health and Independence*, Lecture Notes in Computer Science (International Conference on Smart Homes and Health Telematics, Berlin, Heidelberg: Springer, 2010), 58, doi:10.1007/978-3-642-13778-5_7.

[117] Vgl. Brandt, „Infografik".

[118] Vgl. Balta-Ozkan, Boteler, und Amerighi, „European smart home market development", 68.

[119] Vgl. Edwards und Grinter, „At Home with Ubiquitous Computing"; Li Jiang, Da-You Liu, und Bo Yang, „Smart home research", in *Proceedings of 2004 International Conference on Machine Learning and Cybernetics (IEEE Cat. No.04EX826)*, Bd. 2, 2004, 659–63, doi:10.1109/ICMLC.2004.1382266.

Eine Studie die im Zuge einer Dissertation mit dem Titel „Einflussfaktoren der Akzeptanz von smart homes" durchgeführt wurde, konnte die auf die Akzeptanz wirkenden Einflussfaktoren Leistung, Affektive Reaktion, Verständlichkeit, Preis, Risiko und Kontrolle bestätigen. Die Faktoren Anstrengung, Privatsphäre und sozialer Einfluss haben im Gegenzug keinen Effekt auf die Akzeptanz. Aufgrund der Studienergebnisse konnte festgestellt werden, dass die Endkundenakzeptanz ein wichtiger Aspekt bei der Vermarktung von Smart Home Lösungen ist.[120]

Als weiteres Ergebnis der Studie wurden vier Handlungsempfehlungen abgeleitet:[121]

- „Erfassung individueller Bedürfnisse"
- „Aufklärung und Ausräumen von Vorurteilen"
- „Persönliches Erleben"
- „Zahlungsbereitschaft"

Neben den aufgelisteten Aspekten führt der Autor der genannten Studie in seinem Artikel „Akzeptanz von Smart Homes – von der Theorie zur Vermarktung" den Aspekt „Service und Nachsorge" auf. Im Speziellen zeigt dieser auf, dass die Folgekosten durch Stromverbrauch, Reparatur oder SW-Updates dem Kunden oft nur unzureichend vermittelt werden. Für jede Software Änderung einen Smart Home Techniker zu bestellen, ist für viele Kunden eine Hemmschwelle. Es wird in diesem Zusammenhang für die ersten Monate nach der Installation ein Folgeservice empfohlen, damit der Kunde eine Kostensicherheit hat. Wichtig ist dem Kunden zu vermitteln, dass ein Smart Home System nur durch regelmäßige Wartung ordnungsgemäß funktionieren kann. Eine jährliche Servicepauschale bietet sich aus Gründen der Transparenz und Kostensicherheit an.[122]

Eine Studie von Deloitte und der Technischen Universität München aus dem Jahr 2015 zeigt, dass 22% der Befragten Zahlungsbereitschaft für einen 24h Service

---

[120] Vgl. Thomas Lübbeke, „Einflussfaktoren der Akzeptanz von smart homes" (Alpen-Adria-Universität Klagenfurt, Fakultät für Kulturwissenschaften / Fakultät für Technische Wissenschaften, 2015), 89ff.

[121] Ebd., 100ff.

[122] Vgl. Thomas Lubbeke, „Akzeptanz von Smart Homes–von der Theorie zur Vermarktung", hg. von Begleitforschung Mittelstand-Digital WIK GmbH, *Begleitforschung Mittelstand-Digital WIK GmbH*, WISSENSCHAFT TRIFFT PRAXIS - Neue Formen des Home Experience Design, 4 (2016): 25.

Dienst bekunden. Für ein Alarmsystem inklusive Hardwaremiete und Services sind 23% der Befragten bereit bis zu € 10,- weitere 15% bis zu € 20,- und weitere 12% bis zu € 30,- monatliche Kosten zu bezahlen.[123]

Eine frühere Studie aus dem Jahr 2011 von CapGemini zeigt eine monatliche Zahlungsbereitschaft für das Smart Home von € 25,- bei 34% der Befragten. Die Zahlungsbereitschaft begründet sich in dem erwarteten Zugewinn an Komfort und Energiekostensenkung.[124]

Im folgenden Kapitel 4 werden die genannten Einflussfaktoren im Zuge von Experten Interviews hinterfragt und anschließend bewertet.

---

[123] Vgl. „Ready for Takeoff? Smart Home aus Konsumentensicht" (München: Deloitte Consulting GmbH, Technische Universität München, Juli 2015), 9ff, zugegriffen 30. Juli 2017, http://www.connected-living.org/content/4-information/4-downloads/4-studien/8-ready-for-takeoff/deloitte-smart-home-consumer-survey-20150701.pdf.

[124] Vgl. „SmartHome – Kaufbereitschaft und Preissensibilität", *Energiewirtschaft, Informationen, Meinungen, April 2012*, zugegriffen 7. Juli 2017, https://ehomeblog.wordpress.com/2012/04/05/smarthome-kaufbereitschaft-und-preissensibilitat/.

4 Empirische Untersuchung

In den letzten beiden Kapiteln dieser Master Thesis wurde durch eingehende Betrachtung die bestehende Literatur zum Thema Smart Home und Servicemodelle gesichtet und dargestellt. Im aktuellen Kapitel wird die empirische Forschung in den Mittelpunkt der Datenerhebung gestellt.

Atteslander definiert die Empirische Sozialforschung als

> „die systematische Erfassung und Deutung sozialer Erscheinungen. Empirisch bedeutet, dass theoretisch formulierte Annahmen an spezifischen Wirklichkeiten überprüft werden. "Systematisch" weist darauf hin, dass dies nach Regeln vor sich gehen muss. Theoretische Annahmen und die Beschaffenheit der zu untersuchenden sozialen Realität sowie die zur Verfügung stehenden Mittel bedingen den Forschungsablauf."[125]

Mit diesem Hintergrund werden nachfolgend, nach dem Erläutern der Forschungsmethode und dem Vorgehen, ab Kapitel 4.3 die Ergebnisse der Untersuchung dargestellt.

4.1 Forschungsmethode Experteninterview

Neben den, in der empirischen Sozialforschung zur Verfügung stehenden Methoden der Beobachtung, des Experiments und der Inhaltsanalyse definiert Atteslander die in dieser Master Thesis eingesetzte Befragung wie folgt:

> „Befragung bedeutet Kommunikation zwischen zwei oder mehreren Personen. Durch verbale Stimuli (Fragen) werden verbale Reaktionen (Antworten) hervorgerufen [...]"[126]

Im Unterschied zur alltäglichen Befragung folgt die wissenschaftliche einer theoriegeleiteten Kontrolle der gesamten Befragung. Dies hat den Nutzen, durch die Kontrolle jedes Schrittes der Befragung, einen Einfluss auf die erhobenen Daten durch die Bedingungen der Befragung festzustellen.[127]

---

[125] Peter Atteslander u. a., *Methoden der empirischen Sozialforschung*, 13., neu bearbeitete und erweiterte Auflage, ESV basics (Berlin: Erich Schmidt Verlag GmbH & Co, 2010), 4.
[126] Ebd., 109.
[127] Vgl. ebd., 111f.

In der empirischen Sozialforschung stehen im Wesentlichen quantitative und qualitative Methoden zur Verfügung.[128] Aufgrund der Rahmenbedingungen des Ausgangsmaterials für die Literaturrecherche war es wichtig ein qualitatives Verfahren für den Empirie Teil zu verwenden.

Atteslander unterscheidet zwischen drei Interviewformen:[129]

- Das wenig strukturierte Interview ohne Fragenkatalog z.B. als Experteninterview
- Das teilstrukturierte Interview mit vorformulierten offenen Fragen z.B. Leitfadeninterview
- Zuletzt das stark strukturierte Interview welches z.b. durch einen Fragebogen mit vordefinierten Antworten geprägt ist.

Letztendlich wurde als Forschungsmethode für die vorliegende Arbeit das, im Folgenden beschriebene, leitfadengestützte Experteninterview mit anschließender qualitativer Inhaltsanalyse angewendet.

4.1.1 Interviewmethode[130]

Wie schon zuvor beschrieben wird für die Empirische Untersuchung ein leitfadengestütztes Experteninterview eingesetzt. Diese Methode ermöglicht es, spezifische Fachinformationen von Personen abzufragen die auf einem bestimmten Themengebiet eine Expertenrolle einnehmen.

Meuser und Nagel definieren einen Experten nach folgenden Kriterien:[131]

- „wer in irgendeiner Weise Verantwortung trägt für den Entwurf, die Ausarbeitung, die Implementierung und/oder die Kontrolle einer Problemlösung
- und damit über einen privilegierten Zugang zu Informationen über Personengruppen, Soziallagen, Entscheidungsprozesse, Politikfelder usw. verfügt."

Das Vorgehen mittels Leitfaden ein Interview zu bestreiten und somit die Einarbeitung des Interviewers in die Thematik, bringt zwei Vorteile mit sich. Zum Ers-

---

[128] Vgl. ebd., 12ff.
[129] Vgl. ebd., 134f.
[130] Vgl Meuser und Nagel, „Das Experteninterview — konzeptionelle Grundlagen und methodische Anlage".
[131] Ebd., 470.

ten besteht nicht die Gefahr, dass sich der Interviewer als inkompetenter Gesprächspartner gegenüber dem Experten darstellt und zum Zweiten würde ein Verzicht auf den Leitfaden methodisch in die falsche Richtung weisen. Bei der Befragung steht „*die auf einen bestimmten Funktionskontext bezogenen Strategien des Handelns und Kriterien des Entscheidens*"[132] im Fokus und nicht die Biographie des jeweiligen Experten.

Meuser und Nagel weisen darauf hin, dass für ein Gelingen des Experteninterviews es entscheidend ist, dass der Leitfaden unbürokratisch und nicht im Sinne eines standardisierten Ablaufschemas einzusetzen ist. Innerhalb des Themenkomplexes soll der Experte die Möglichkeit haben, die relevanten Fakten an entscheidender Stelle darzulegen.

4.1.2 Auswertungsmethode[133]

Die qualitative Inhaltsanalyse nach Mayring stellt eine Sammlung an Verfahrensweisen zur systematischen Textanalyse dar. Sie nutzt die Vorteile der quantitativen Inhaltsanalyse aus den Kommunikationswissenschaften und überträgt diese auf die qualitativ-interpretativen Auswertungsschritte.

Mayring beschreibt drei Analysetechniken die je nach Forschungsfrage und Material zur Anwendung kommen können: [134]

- „Zusammenfassung: Ziel der Analyse ist es, das Material so zu reduzieren, dass die wesentlichen Inhalte erhalten bleiben, durch Abstraktion einen überschaubaren Corpus zu schaffen, der immer noch Abbild des Grundmaterials ist.

- Explikation: Ziel der Analyse ist es, zu einzelnen fraglichen Textteilen (Begriffen, Sätzen, ...) zusätzliches Material heranzutragen, das das Verständnis erweitert, das die Textstelle erläutert, erklärt, ausdeutet.

- Strukturierung: Ziel der Analyse ist es, bestimmte Aspekte aus dem Material herauszufiltern, unter vorher festgelegten Ordnungskriterien einen Querschnitt durch das Material zu legen oder das Material aufgrund bestimmter Kriterien einzuschätzen."

---

[132] Ebd., 473.
[133] Vgl. Mayring, *Qualitative Inhaltsanalyse*.
[134] Ebd., 65.

In der vorliegenden Arbeit wurde die Strukturierung als Analysetechnik angewandt. Die Kategorisierung wurde zunächst deduktiv an den Fragen des Interviewleitfadens vorgenommen und im Verlauf der Analyse induktiv durch Hinzufügen neuer Kategorien aus den Aussagen der Experten erweitert.

Abbildung 18 zeigt die einzelnen Schritte der Analyse. Beginnend mit der Bestimmung der Analyseeinheiten über die Paraphrasierung der inhaltstragenden Textstellen, gefolgt von Generalisierung und Reduktion bis hin zur Zusammenfassung in das Kategoriensystem und nochmaliger Überprüfung dessen.

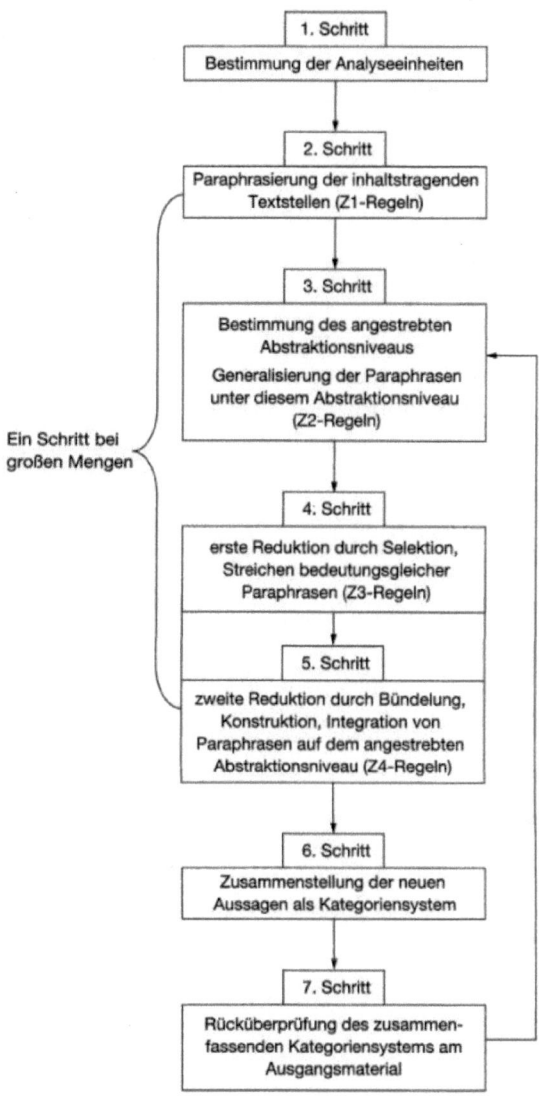

Abbildung 18: Ablaufmodell zusammenfassender Inhaltsanalyse[135]

---

[135] Ebd., 68.

In der vorliegenden Arbeit wurde das Ausgangsmaterial nach den Empfehlungen von Mieg und Näf, welche festhielten, dass sich in jedem Experteninterview spruchreife Zitate finden, nach markanten Aussagen untersucht, um diese in der Auswertung direkt zitieren zu können.[136]

4.2 Durchführung

4.2.1 Bestimmung und Auswahl der Experten

Bei der Auswahl der Experten war es wichtig einen ganzheitlichen Blick auf das Thema der Servicemodelle im Smart Home zu erlangen. Um diese 360° Sichtweise zu erreichen, wurden Experten mit unterschiedlichen Berührungspunkten zu dem Thema ausgewählt. Die Entscheidung fiel auf vier Anwender, zwei Integratoren, einen Hersteller und Integrator und einen Vertreter der Wissenschaft.

Bei den Anwendern hatte ein Befragter bis dato noch keine Berührung mit dem Smart Home. Die anderen drei Vertreter der Anwendergruppe haben Smart Home Komponenten in unterschiedlichen Ausprägungen in Verwendung. Einer der Anwender hat sich bereits wissenschaftlich in Form einer Master Thesis mit dem Thema beschäftigt.

Sowohl der Hersteller von AAL Komponenten als auch die beiden Integratoren und der Vertreter der Wissenschaft haben mehr als 10 Jahre Erfahrung auf dem Gebiet der Gebäudeautomatisierung.

4.2.2 Auflistung der Experten in Alphabetischer Reihenfolge

Markus E.

ist ein technisch versierter Anwender welcher sein Smart Home seit über 10 Jahren im Einsatz hat. Markus E. hat zudem eine Master Thesis mit dem Titel *„Die Auswirkungen beim Einsatz von Smart Home Lösungen auf die Sicherheit der Anwenderinnen und Anwender"* verfasst.

---

[136] Vgl. Harald A. Mieg und Matthias Näf, „Experteninterviews in den Umwelt- und Planungswissenschaften. Eine Einführung und Anleitung", 2.Auflage (Zürich: Institut für Mensch-UmweltSysteme (HES), ETH Zürich, 2005), 22, http://metropolenforschung.de/download/Mieg_Experteninterviews.pdf.

Markus K.

ist seit 10 Jahren Geschäftsführer der Firma „Der Phalke, M.K. G.m.b.H" und beschäftigt sich dabei mit den Themenbereichen Photovoltaik, Alarm, Video, Zutritt und das Steckenpferd Smart Home

Markus M.

ist seit vielen Jahren Führungskraft bei einem großen IT Unternehmen und ein technisch sehr versierter Anwender, der sein Smart Home seit 3 Jahren in Betrieb hat.

Friedrich P.

hat 2004 -2005 seine Diplomarbeit über Smart Home geschrieben. Danach in dem Bereich geforscht und seine Dissertation zum Thema Smart Home Security gemacht. Danach hat er den Studiengang „Smart Home und Assistive Technologien" auf der FH Technikum Wien mitaufgebaut und die Leitung übernommen. Weiters ist er in Arbeitsgruppen der Plattform AAL Austria eingebunden.

Cornelia R.

ist technischer Laie und hat noch keine Erfahrungen mit einer Smart Home Umgebung gesammelt.

Jürgen S.

ist Geschäftsführer der Unternehmen „mechatron S. GmbH & Co KG" und „Life Systems GmbH" und kann 15 Jahre Erfahrung im Bereich AAL bzw. unterstützender Technologien, sowohl in der Entwicklung als auch Integration vorweisen.

Sebastian S.

ist ein technisch affiner und Elektronik fasziniert Anwender der sein Smart Home im Eigenbau seit vielen Jahren ständig um neue Komponenten erweitert.

Thomas Z.

hat die Geschäftsführungsposition der Firma „EMZ-Elektro Montage Z. GmbH" inne und ist seit 11 Jahren im Smart Home Integrationsgeschäft tätig.

4.2.3 Interviewleitfaden und Ablauf des Interviews

Der Interviewleitfaden dient als Orientierungshilfe für das Experteninterview. Die Entwicklung des Leitfadens basiert auf der in den Kapiteln 2 und 3 untersuchten Literatur und versucht gefundene Lücken daraus abzudecken.

Den Experten wurde bei der Terminvereinbarung der Interviewleitfaden übermittelt, um sich gegebenenfalls auf das Gespräch vorbereiten zu können. Der Ablauf des Interviews selbst beginnt mit der Begrüßung und nochmaliger Übergabe des Leitfadens. Danach wird nach Erlaubnis durch den Experten, die Aufnahme des Interviews gestartet. Es Erfolgt eine kurze Einleitung über die Intention der Master Arbeit und eine gegenseitige Vorstellung.

Der folgende Leitfaden diente als Anhaltspunkt für den Verlauf des Interviews. Dieser gliedert sich in drei grobe Themengebiete, welche wiederum mehrere Fragen zum jeweiligen Thema beinhalten. Dem Experten wurde jedoch der nötige Freiraum gegeben, um wichtige Fakten bzw. neue Ideen rund um das Thema beizusteuern die nicht als direkte Frage formuliert waren.

Die im Interviewleitfaden angewandten Fragen sind im Folgenden ersichtlich:

1) UMFELD UND KOMPONENTEN:

   a. Welche Services zählen Ihrer Meinung nach zur kritischen Infrastruktur im privaten Haushalt und müssen ständig verfügbar sein?
      i. Wie würden sie diese priorisieren?
   b. In welcher Weise beeinflusst der Ausfall der kritischen Infrastruktur die Akzeptanz der Bewohner für die implementierte Smart Home Lösung?
      i. Welche Ausfallzeiten sind akzeptabel?
      ii. Ist mit einer Abkehr vom Smart Home zu rechnen?
      iii. Wird der Wunsch nach Servicemodellen verstärkt?
   c. Welche Ansätze können sie sich vorstellen um Ausfälle der Infrastruktur vorzubeugen? Themen: Redundanzkonzepte, Verzicht auf Smart Home in diesen Bereichen, Servicemodelle, 7x24h ad hoc Servicedienst
      i. Wie müssen diese gestaltet sein?

2) MODELLE

    a. Wodurch zeichnen sich aktuelle Servicemodelle für Smart Home Umgebungen aus? Welche bieten sie an bzw. kennen sie?

    b. Wie muss ein Servicemodell beschaffen sein, damit es angenommen wird?
Themen: Wartungsvertrag oder Dienstleistung bei Bedarf, Reaktionszeiten bzw. Wiederherstellzeiten, Servicezeiten?

    c. Wie unterscheiden sich Ihrer Meinung nach Servicemodelle für den privaten und öffentlichen Raum und welche Inhalte zeichnen diese aus?

        i. Auf welche Kriterien muss im privaten Raum verstärkt Rücksicht genommen werden?

    d. Wie beeinflussen Standards im Smart Home die Wartbarkeit und Service Modelle?

        i. Wie müssen heterogene Lösungen in den Servicemodellen berücksichtigt werden?

        ii. Ist Flexibilität bei der Auswahl der Lösung oder die Sicherheit der Wartbarkeit für sie wichtiger?

3) AKZEPTANZ/SICHERHEIT

    a. Inwieweit ist ein Remotezugang für den Konsumenten akzeptabel?

        i. Wie muss dieser beschaffen sein um Vertrauen zu vermitteln?
Themen: Jederzeit Zugriff auf das System oder nur per Freigabe? VPN, offene Ports, ...

    b. Inwieweit beeinflusst die Weitergabe von sensiblen Daten das Vertrauen des Konsumenten in Servicemodelle?

Themen: Personenbezogene Daten, Kameraaufzeichnungen, Daten über den Aufenthaltsort

4.2.4 Datenauswertung

Für die Datenauswertung wurden zunächst die Interviews in vollem Umfang transkribiert. Im Anschluss daran wurde ein Kategoriensystem wie in Kapitel 4.1.2 beschrieben definiert. Nach der Paraphrasierung der aussagekräftigsten Interviewstellen und der parallel einhergehenden notwendigen Erweiterung des

Kategoriensystems erfolgte im Anschluss die Generalisierung und Zusammenfassung der Aussagen. Ebenso wurden in diesem Schritt wichtige Zitate der Experten herausgearbeitet. Diese kategorisierten Interviewaussagen sind im Anhang in Kapitel 0 abgebildet.

In Tabelle 7 sind die Fragen des Interviewleitfadens und die dazugehörigen Kategorien dargestellt.

Tabelle 7: Kategoriensystem der Interview Auswertung (Quelle: Eigene Darstellung)

Frage	Kat. Nr.	Kategorie	Unterkategorie
1.1. Welche Services zählen Ihrer Meinung nach zur kritischen Infrastruktur im privaten Haushalt und müssen ständig verfügbar sein?	K1.1.0	kritische Infrastruktur	Aufzählung
1.1.1. Wie würden sie diese priorisieren?	K1.1.1	kritische Infrastruktur	Priorität
1.2. In welcher Weise beeinflusst der Ausfall der kritischen Infrastruktur die Akzeptanz der Bewohner für die implementierte Smart Home Lösung? 1.2.1. Welche Ausfallzeiten sind akzeptabel?	K1.2.1	Ausfall der Infrastruktur	Ausfallzeiten
1.2.2. Ist mit einer Abkehr vom Smart Home zu rechnen?	K1.2.2	Ausfall der Infrastruktur	Abkehr vom Smart Home
1.2.3. Wird der Wunsch nach Servicemodellen verstärkt?	K1.2.3	Ausfall der Infrastruktur	Wunsch nach Servicemodellen
1.3. Welche Ansätze können sie sich vorstellen um Ausfälle der Infrastruktur vorzubeugen? Themen: Redundanzkonzepte, Verzicht auf Smart Home in diesen Bereichen, Servicemodelle, 7x24h ad hoc Servicedienst 1.3.1. Wie müssen diese gestaltet sein?	K1.3.1	Vorbeugen von Ausfällen	Möglichkeiten und Gestaltung der Lösung
1.3. Welche Ansätze können sie sich vorstellen um Ausfälle der Infrastruktur vorzubeugen?	K1.3.2	Vorbeugen von Ausfällen	Verfügbarkeit von Ersatzteilen
1.3. Welche Ansätze können sie sich vorstellen um Ausfälle der Infrastruktur vorzubeugen?	K1.3.3	Vorbeugen von Ausfällen	Geringe Ausfällhäufigkeit
2.1. Wodurch zeichnen sich aktuelle Servicemodelle für Smart Home Umgebungen aus?	K2.1.0	Servicemodelle	Kenntnis aktueller Modelle

2.1. Wodurch zeichnen sich aktuelle Servicemodelle für Smart Home Umgebungen aus? Welche bieten sie an bzw. kennen sie?	K2.1.1	Servicemodelle	Welche werden Angeboten
2.2. Wie muss ein Servicemodell beschaffen sein damit es angenommen wird? Themen: Wartungsvertrag oder Dienstleistung bei Bedarf, Reaktionszeiten bzw. Wiederherstellzeiten, Servicezeiten?	K2.2.0	Beschaffenheit Servicemodell	Varianten
2.2. Wie muss ein Servicemodell beschaffen sein damit es angenommen wird?	K2.2.1	Beschaffenheit Servicemodell	Marktdruck
2.3. Wie unterscheiden sich Ihrer Meinung nach Servicemodelle für den privaten und öffentlichen Raum und welche Inhalte zeichnen diese aus?	K2.3.0	Inhalte Servicemodell	öffentlicher Raum
2.3.1. Auf welche Kriterien muss im privaten Raum verstärkt Rücksicht genommen werden?	K2.3.1	Inhalte Servicemodell	privater Raum
2.4. Wie beeinflussen Standards im Smart Home die Wartbarkeit und Service Modelle? 2.4.1. Wie müssen heterogene Lösungen in den Servicemodellen berücksichtigt werden?	K2.4.1	Standards	Berücksichtigung Heterogene Lösungen
2.4.2. Ist Flexibilität bei der Auswahl der Lösung oder die Sicherheit der Wartbarkeit für sie wichtiger?	K2.4.2	Standards	Flexibilität oder Wartbarkeit
2.4. Wie beeinflussen Standards im Smart Home die Wartbarkeit und Service Modelle?	K2.4.3	Standards	Abhängigkeit
3.1. Inwieweit ist ein Remotezugang für den Konsumenten akzeptabel?	K3.1.0	Remotezugang	Akzeptabel
3.1.1. Wie muss dieser beschaffen sein um Vertrauen zu vermitteln? Themen: Jederzeit Zugriff auf das System oder nur per Freigabe? VPN, offene Ports, ...	K3.1.1	Remotezugang	Beschaffenheit

3.2. Inwieweit beeinflusst die Weitergabe von sensiblen Daten das Vertrauen des Konsumenten in Servicemodelle? Themen: Personenbezogene Daten, Kamera-aufzeichnungen, Daten über den Aufenthaltsort	K3.2.0	Datenschutz
Keine konkrete Frage	K4.1.1	Sicherheit
Keine konkrete Frage	K4.2.1	Integrator

4.3 Darstellung der Ergebnisse

4.3.1 Kategorien 1.x – Umfeld und Komponenten

Kategorie 1.1.0: Kritische Infrastruktur – Aufzählung

<u>Fragestellung:</u> 1.1. Welche Services zählen Ihrer Meinung nach zur kritischen Infrastruktur im privaten Haushalt und müssen ständig verfügbar sein?

Die Frage nach den Einrichtungen, die eine kritische Infrastruktur darstellen, wurde von den Befragten wie folgt beantwortet:

Drei Mal genannt wurden folgende Einrichtungen:

- Heizung/Lüftung bzw. Klimatisierung
- Beschattung wie Jalousien bzw. Rollläden

Zwei Mal angegeben wurden:

- Alarmanlage
- Lichtmanagement
- Strom

Jeweils einmal kamen folgende zur Sprache:

- Haushaltsgeräte wie Kühlschrank, Waschmaschine und Staubsauger
- SAT-Anlage
- Rufsysteme
- Internetverbindung
- Brandmelder
- Sturzsensor

Angemerkt wurde das Thema Sicherheit, bei dem Jalousien bzw. Rollläden aufgrund eines Brandes funktionstüchtig sein müssen um Flüchten zu können.

Kategorie 1.1.1: Kritische Infrastruktur – Priorität

Fragestellung: 1.1.1 Wie würden sie diese priorisieren?

Wie die Zusammenfassung in Tabelle 8 zeigt, hängt die Priorität vom jeweiligen Standpunkt des Befragten ab.

Die häufigsten Nennungen sind:

- Heizung
- Beleuchtung
- Schließsystem
- Alarmanlage

Die Alarmanlage wurde zweimal auf Platz 1 gereiht, gefolgt von folgenden mit jeweils einer Nennung:

- Heizung
- Strom
- Entertainment
- Internetverbindung
- Brandmelder
- Wasser

Wichtig sind vor allem die Sicherheitseinrichtungen, welche durch den seltenen Gebrauch jedoch nicht im Fokus der Anwender stehen.

Friedrich P. ermahnt hier ganz zu Recht, wenn er sagt *„Diese Ausnahmefälle, der Sturz, der Brand, das passiert relativ selten, das ist den Anwendern nicht bewusst, dass das die höchste Priorität hat."*

Tabelle 8: Priorisierung der kritischen Infrastruktur nach Nennungen (Quelle: Eigene Darstellung)

Komponente	C.R.	M.E.	M.M.	S.S.	J.S.	M.K.	T.Z.	F.P.	Nennungen
Heizung / Lüftung / Klimatisierung	1	2	2	3		2			5
Beleuchtung	2	3		4	3				4
Schließsystem			3	6	2		2		4

Alarmanlage / Videoüberwachung		1		8			1		3
Strom			1	2		3			3
Entertainment / SAT Anlage				9	4	1			3
Beschattung / Jalousien / Rollläden		4		5					2
Internetverbindung / Kommunikation				7	1				2
Brandmelder				10				1	2
Kühlschrank	3								1
Staubsauger	4								1
Waschmaschine	5								1
Wasser				1					1
Sturzsensor								2	1

Kategorie 1.2.1: Ausfall der Infrastruktur – Ausfallzeiten

Fragestellung: 1.2.1 In welcher Weise beeinflusst der Ausfall der kritischen Infrastruktur die Akzeptanz der Bewohner für die implementierte Smart Home Lösung? Welche Ausfallzeiten sind akzeptabel?

„Im privaten Wohnumfeld muss das Smart Home aus Gefühls-Sicht immer funktionieren." Mit diesen Worten bringt Friedrich P. die Anwendersicht auf den Punkt.

Der Kundensicht auf die Reaktionszeit stimmt Markus K. mit folgenden Worten zu: „Im Prinzip gar keine. Innerhalb von zwei bis drei Stunden müssen wir Vorort sein, wenn wir den Kunden behalten wollen."

Auf der anderen Seite spricht Markus M. ein vermutlich großes Problem für die Smart Home Anwender aus, wenn er sagt: „Insofern gute Fragen, über die sich ein normaler Smart Home Anwender wahrscheinlich in erster Instanz keine Gedanken macht"

Im Detail sehen zwei Anwender, zwei Integratoren und ein Vertreter aus der Wissenschaft einen Ausfall von maximal 1 bis 2 Stunden als akzeptabel an.

Weniger wichtige Systeme können nach einer Meinung auch 2 Tage ausfallen.

Ein Anwender und ein Vertreter eines Herstellers sind der Meinung das 1 bis 2 Tage akzeptabel sind.

In Industrie bzw. Gewerbe sind bei Auswirkungen auf Kunden Ausfallzeiten überhaupt nicht akzeptabel meinen die Experten.

Kategorie 1.2.2: Ausfall der Infrastruktur – Abkehr vom Smart Home

Fragestellung: 1.2.2 Ist mit einer Abkehr vom Smart Home zu rechnen?

Der Verzicht aufs Smart Home können sich zwei Anwender vorstellen. Auch der Vertreter der Wissenschaft denkt, dass es bei einem nicht funktionierenden System im Raum steht.

Keinen Verzicht aufs Smart Home sehen jedoch die Integratoren, Hersteller und ein Anwender. Es bestehen zu viele Vorteile die man zu schätzen gelernt hat.

Thomas Z. bringt es auf den Punkt: *„Kunden die jetzt mal Smart Home haben, können es sich nach einer Zeit gar nicht mehr anders vorstellen"*

Kategorie 1.2.3: Ausfall der Infrastruktur – Wunsch nach Servicemodellen

Fragestellung: 1.2.3 Wird der Wunsch nach Servicemodellen verstärkt?

Zwei Befragte meinen, dass der Wunsch nach Servicemodellen vorhanden ist bzw. verstärkt wird, wobei zwei weitere Befragte nicht glauben, dass auf Anwenderseite die Bereitschaft besteht dafür Geld zu bezahlen.

Nur wenn die Kosten von einem Dritten wie einer Versicherung im Falle von Menschen mit Behinderung übernommen werden, ist der Wunsch nach einem Servicemodell sehr hoch.

Kategorie 1.3.1: Vorbeugen von Ausfällen – Möglichkeiten und Gestaltung der Lösung

Fragestellung: 1.3. Welche Ansätze können sie sich vorstellen um Ausfälle der Infrastruktur vorzubeugen?

1.3.1. Wie müssen diese gestaltet sein?

Folgende Ansätze wurden von den Befragten als Möglichkeiten genannt um Ausfällen vorzubeugen:

Servicemodelle:

Drei Anwender und ein Integrator sehen Servicemodelle, abhängig von der preislichen Gestaltung und vom raschen Tausch der kritischen Komponenten, als Möglichkeit, die Auswirkungen von Ausfällen abzuschwächen. Die Servicemodelle kann man zudem als Versicherung wahrnehmen. Ein Ad hoc Dienst muss Innerhalb eines Tages die Entstörung einleiten.

Einige der Befragten haben sich noch keine Gedanken zu Servicemodellen gemacht.

Redundanz:

Von allen Befragten wird Redundanz von wichtigen Komponenten, sofern die Kosten gering sind oder die Abkehr von der Automatisierung in kritischen Bereichen als wichtige Vorbeugungsmaßnahme genannt.

Auch im öffentlichen Bereich wie Krankenhäusern, ist der Einsatz von Redundanz unumgänglich.

Im Detail können Backup bzw. Standby Server, zusätzliche Netzteile oder Batterien eingesetzt werden. Wichtige Komponenten, wie Schließsystem und Zentraleinheit, können über eine USV oder Notstromaggregat betrieben werden.

Weiters kann dem Kunden die Programmierung auf einer zweiten SD-Karte übergeben werden.

Redundanz wird auch durch ein dezentrales Systemdesign, wie es zum Beispiel bei KNX vorhanden ist, erreicht.

Fallback Szenario:

Die eingesetzten Aktoren müssen auch manuell bedienbar sein, bzw. Überbrückungsschaltungen implementiert werden, um die Abhängigkeit von der Software im Smart Home zu minimieren.

Nicht zu vernachlässigen ist, dass regelmäßige Wartung vor Systemausfällen schützen kann.

Für Hersteller und die Wissenschaft ist Qualität beim Design und der Herstellung der Komponenten das Mittel um Ausfälle zu verhindern bzw. zu minimieren.

Ebenso ist die Analyse und Planung im Vorfeld ein wichtiger Aspekt um gegen Störungen im Betrieb vorzusorgen.

Kategorie 1.3.2: Vorbeugen von Ausfällen – Verfügbarkeit von Ersatzteilen

Fragestellung: 1.3. Welche Ansätze können sie sich vorstellen um Ausfälle der Infrastruktur vorzubeugen?

Als einen wichtigen Punkt sehen die Experten die Ersatzteilverfügbarkeit. Durch die lange Betriebszeit einer Smart Home Lösung von 10-25 Jahren, ist ein wichtiger Aspekt die Auswahl des richtigen Lieferanten, um die Ersatzteil- und Serviceverfügbarkeit sicher zu stellen. Es ist wichtig den gesamten Lifecycle zu beachten und auf offene Systeme wie KNX zu setzen, welche von mehreren Firmen beherrscht werden. Markus M. meinte dazu:

> „In Wirklichkeit müsste man sich schon beim Kauf die Frage stellen ob diese Smart Home Komponenten überhaupt längerfristig verfügbar sind. Man kann da sehr schnell auf ein System setzen, das es ein Jahr später nicht mehr gibt und die Firmen das Service dann nicht mehr erbringen können."

Kategorie 1.3.3: Vorbeugen von Ausfällen – Geringe Ausfällhäufigkeit

Fragestellung: 1.3. Welche Ansätze können sie sich vorstellen um Ausfälle der Infrastruktur vorzubeugen?

Sowohl einige Anwender wie auch die Integratoren meinen, dass die implementierten Smart Home Anlagen sehr stabil laufen und im Laufe von mehreren Jahren nur sehr selten Ausfälle gezeigt haben. Vor allem durch den dezentralen Aufbau der industrienahen Anlagen, haben Ausfälle nur geringe Auswirkungen auf die Bewohner.

Kategorien 2.x – Modelle

Kategorie 2.1.0: Servicemodelle – Kenntnis aktueller Modelle

Fragestellung: 2.1. Wodurch zeichnen sich aktuelle Servicemodelle für Smart Home Umgebungen aus?

Anwendern sind keine Servicemodelle bekannt bzw. wurden von den betreuten Unternehmen auch nicht angeboten.

Dem Vertreter der Wissenschaft ist ein Modell eines Energielieferanten bekannt der, mit seinem Service, Energieoptimierungen anbietet.

Markus M. traf eine interessante Aussage die vermutlich auf viele Anwender zutrifft: *„Mein Servicemodell ist eher das Prinzip Hoffnung, dass ich meinen Lieferanten anrufen kann und der mir hilft, wenn es wirklich so sein sollte."*

Kategorie 2.1.1: Servicemodelle – Welche werden Angeboten

<u>Fragestellung:</u> 2.1. Wodurch zeichnen sich aktuelle Servicemodelle für Smart Home Umgebungen aus? Welche bieten sie an bzw. kennen sie?

Die Befragung verdeutlichte, dass Wartungsverträge nur im AAL Umfeld und am Alarmsektor angeboten und angenommen werden. Die Erfahrung der Integratoren zeigt, dass lediglich Ad hoc Leistungen, aufgrund fehlender Kundenakzeptanz von Wartungsverträgen, angeboten werden.

Jährliche Systemwartungen bei denen neben dem Smart Home auch die Elektroinstallation überprüft wird, sind ein weiteres Modell, das Thomas Z. seinen Kunden anbietet.

Kategorie 2.2.0: Beschaffenheit Servicemodell – Varianten

<u>Fragestellung:</u> 2.2. Wie muss ein Servicemodell beschaffen sein, damit es angenommen wird?

Durch die geringen Ausfälle im Smart Home wird ein Ad hoc Service, vergleichbar mit einem Schlüsseldienst, einem Wartungsvertrag mit Monatsentgelt vorgezogen.

Für den Dienstleister kann dies aufgrund der unterschiedlichen Systeme durchaus schwer umzusetzen sein. Der Kunde bzw. die Installation müsste bekannt sein, damit die Konfiguration vertraut ist und Tauschkomponenten auf Lager sind.

Bei Wartungs- bzw. Serviceverträgen mit einem regelmäßigen Entgelt, ist die Preisgestaltung ein wichtiger Aspekt um eine breitere Akzeptanz bei den Benutzern zu erreichen. Hier sind auch Service- und Wiederherstellungszeiten zu definieren. Generell wünschen sich Konsumenten einen einfach gestalteten Servicevertrag von einem Dienstleister der zuverlässig, kompetent und schnell reagiert.

Aus Sicht des Integrators lassen sich Kunden im privaten Umfeld, außer bei Alarmanlagen, nicht binden. Bei Alarmanlagen überwiegt jedoch das Sicherheitsbedürfnis, somit sind Verträge mit längeren Laufzeiten möglich.

Markus K. trifft hier eine klare Aussage: *„Die Kunden lassen sich privat überhaupt nicht mehr binden"*

Jährliche Wartungen zu einem marktüblichen Entgelt, jedoch keinen monatlichen Betrag, der vom Kunden nicht angenommen wird, ist eine weitere Variante die bereits angeboten wird.

Der Integrationsaspekt des Systemintegrators, könnte ebenfalls ein Servicemodell sein. Zum Beispiel die Integration und Konfiguration von Fernseher, Lichtsteuerung und Tablet.

Friedrich P. weist auf die zentrale Frage des Nutzens des Servicevertrags für den Konsumenten hin. Bei einem Handyvertrag bekommt man eine bestimmte Leistung. Diese muss es auch beim Smart Home geben. Zum Beispiel, bemerkt P., kann man den Energiebedarf optimieren und einen Teil der Ersparnis als Servicebetrag an den Dienstleister bezahlen.

Kategorie 2.2.1: Beschaffenheit Servicemodell – Marktdruck

Fragestellung: 2.2. Wie muss ein Servicemodell beschaffen sein damit es angenommen wird?

Der Marktdruck für Integratoren im privaten Bereich ist sehr groß. Konsumenten haben kein Verständnis für Ausfälle und dass für eine schnelle Reaktionszeit ein Wartungsvertrag zu vereinbaren ist.

Integratoren reagieren oft auch ohne Wartungsvertrag sehr schnell, um schlechte Mundpropaganda zu verhindern.

Oft können auch die umfangreichen Programmiertätigkeiten nicht verrechnet werden, da auch hierfür das Verständnis der Konsumenten fehlt.

Friedrich P. sieht aktuell auch noch kein Return on Investment für Unternehmen.

Kategorie 2.3.0: Inhalte Servicemodell – öffentlicher Raum

Fragestellung: 2.3. Wie unterscheiden sich Ihrer Meinung nach Servicemodelle für den privaten und öffentlichen Raum und welche Inhalte zeichnen diese aus?

Im öffentlichen Bereich sind oft zugewiesene Mitarbeiter für die Gebäudeinfrastruktur verantwortlich. Als Fallback oder wenn keine fixen Mitarbeiter abgestellt sind, kann ein Servicevertrag zur Anwendung kommen.

Eine Möglichkeit ist hier die verpflichtende Wartung der Brandmeldeanlage auf die Gebäudesteuerung auszuweiten.

Service-, Reaktions- und Wiederherstellzeiten müssen hier zum Standard zählen.

Es lassen sich im Zweckbau auch Servicemodelle wie ein Energiemanagement, umsetzen die dem Kunden zusätzlichen Nutzen bringen.

Kategorie 2.3.1: Inhalte Servicemodell – privater Raum

Fragestellung: 2.3.1. Auf welche Kriterien muss im privaten Raum verstärkt Rücksicht genommen werden?

Markus K. gibt die Erfahrung der Integratoren kurz und prägnant wieder: *„Im privaten Bereich darf es nichts kosten und wird auch nicht angenommen."*

Der Wunsch nach einer schnellen Reaktions- und Wiederherstellzeit ist jedoch auch hier sehr hoch. Die Tendenz im privaten Bereich fokussiert sich auf eine Ad hoc Serviceleistung ohne einen monatlichen Betrag zu entrichten.

Nach dem Motto *„Der Kunde ist König"* wie von Cornelia R. eingebracht.

Kategorie 2.4.1: Standards – Berücksichtigung Heterogene Lösungen

Fragestellung: 2.4. Wie beeinflussen Standards im Smart Home die Wartbarkeit und Service Modelle?

2.4.1. Wie müssen heterogene Lösungen in den Servicemodellen berücksichtigt werden?

Standards werden von allen Befragten als sehr wichtig eingestuft. Folgende Aspekte sind dabei zu erwähnen:

- Durch Standards verringert sich der Mehraufwand für den Dienstleister
- Standards reduzieren die Folgekosten im Betrieb bzw. der Erweiterung der Lösung
- Standards reduzieren die Schnittstellen zwischen den unterschiedlichen Lösungen
- Nur offene Systeme garantieren eine Wartbarkeit über die Laufzeit einer Smart Home Installation von bis zu 25 Jahren.
- Die Abhängigkeit der Konsumenten von einem Dienstleister wird minimiert.

Laut P. verstehen die Hersteller mittlerweile die Notwendigkeit von Standards und bieten in ihren Systemen Übergabeschnittstellen an.

Wichtig für den Konsumenten ist neben den Standards auch die Übergabe der Konfigurationsdateien vom Integrator, um offen bei der Wahl des Service Dienstleisters zu sein. Gleichzeitig ist dies für den Integrator ein Risiko, da er sein Know-How, das in der Programmierung steckt, aus der Hand geben muss.

So merkt Thomas Z. treffsicher an: *„Es sind nicht so sehr die Standards ausschlaggebend, sondern eher ob die Konfiguration an den Kunden übergeben wird."*

Kategorie 2.4.2: Standards – Flexibilität oder Wartbarkeit

Fragestellung: 2.4.2. Ist Flexibilität bei der Auswahl der Lösung oder die Sicherheit der Wartbarkeit für sie wichtiger?

Die Mehrheit der Befragten bevorzugt die Sicherheit der Wartbarkeit vor der Flexibilität der Lösung. Vor allem die kritischen Systeme müssen solide funktionieren. Allerdings wird bei der Implementation einer Smart Home Lösung oft der Fokus auf die Features gerichtet und weniger auf die Wartbarkeit des Systems.

Auch am Gesundheitssektor ist die Wartbarkeit und Funktionstüchtigkeit der Flexibilität vorzuziehen. Hier ist es besser ein geschlossenes System einzurichten als eine Integration mit dem Smartphone oder Tablet anzustreben.

Kunden setzen oft bewusst auf Systeme die weniger industrienah und für Anwender offener sind, um selbst Änderungen durchzuführen und sich damit Wartungskosten zu ersparen.

Kategorie 2.4.3: Standards – Abhängigkeit

Fragestellung: 2.4. Wie beeinflussen Standards im Smart Home die Wartbarkeit und Service Modelle?

Sofern keine Standards eingesetzt werden, befürchten Kunden, dass sie sich mit der implementierten Lösung, abhängig vom Integrator machen. Bei einer Lebensdauer von bis zu 25 Jahren wird das zu einem Problem.

Kategorien 3.x – Akzeptanz und Sicherheit

Kategorie 3.1.0: Remotezugang – Akzeptabel

Fragestellung: 3.1. Inwieweit ist ein Remotezugang für den Konsumenten akzeptabel?

Ein Remotezugang wird sowohl von Anwendern als auch Integratoren bevorzugt. Kunden nehmen die Sicherheit in dem Zusammenhang unterschiedlich war. Eine Gruppe hat kein Sicherheitsbewusstsein, wohingegen die andere Gruppe sehr wohl die Sicherheit des Remotezugangs hinterfragt. Wichtig ist für diese Gruppe ob der Zugriff immer möglich ist oder nur nach Freigabe. Integratoren sichern sich teilweise ab, indem sie die Passwörter der Anlage dem Kunden selbst setzen lassen und somit ihrer Kenntnis entziehen.

Kategorie 3.1.1: Remotezugang – Beschaffenheit

Fragestellung: 3.1.1. Wie muss dieser beschaffen sein um Vertrauen zu vermitteln?

Ein Remotezugriff bei dem der Zugang nach Bedarf vom Anwender freigeschaltet werden muss, wird von allen Befragten bevorzugt. Dies ist sowohl für den Kunden als auch für den Dienstleister eine Absicherung.

Andererseits wird es auch Kunden geben die bei einem abgeschlossenen Wartungsvertrag, über die Wartung nicht informiert werden wollen. Nach dem Motto, das System soll einfach funktionieren.

Wichtig ist auch, dass kein Zwang zur Vernetzung mit dem Hersteller besteht.

Technisch ist ein VPN Tunnel der vom Anwender freigegeben werden muss, aus heutiger Sicht die sicherste Lösung.

Im Gesundheitssektor bei schwer kranken oder behinderten Personen liegt der Schwerpunkt jedoch eher auf der schnellen Wartbarkeit. Hier ist der Remotezugang für den Dienstleister unter Berücksichtigung der Patienten Wünsche offen gestaltet.

Kategorie 3.2.0: Datenschutz

Fragestellung: 3.2. Inwieweit beeinflusst die Weitergabe von sensiblen Daten das Vertrauen des Konsumenten in Servicemodelle?

Ein Dienstleister sollte nur Zugriff auf die notwendigen Daten der Anlage bekommen. Am besten ist die Trennung von Einstellungen und Zustandsdaten bzw. Logfiles. Die Haussteuerung sollte anhand der Daten im System keinen Rückschluss auf das jeweilige Objekt inklusive Adresse zulassen.

Zusätzlich sollte vertraglich abgesichert sein, dass der Hersteller im Fall eines Serviceeinsatzes die Daten aus der Steuerzentrale nicht verwenden darf.

Ausnahmen sind wieder im e-Health Bereich zu erkennen. Unter Einwilligung des Patienten ist es wünschenswert bestimmte Daten, zum Beispiel an eine Rehabilitationseinrichtung, weitergegeben werden. Im Gegenzug dazu ist im Speziellen in diesem Bereich auf den Datenschutz zu achten.

Viele Endanwender gehen generell mit Daten sorglos um. Hier ist der Vergleich mit dem Smartphone und der Übermittlung der Daten an Clouddienste zu nennen. Anders ist das bei Organisationen die Gebäudeleittechnik verbauen lassen. Hier ist Datenschutz ein großes Thema.

Friedrich P. unterstreicht, dass das Thema Datenschutz bereits beim Design der Lösung berücksichtigt werden muss, damit eine klare Trennung der Daten für den Dienstleister und den Anwender durchgeführt werden kann.

Kategorien 4.x – Diverse

Kategorie 4.1.0: Sicherheit

Fragestellung: Keine konkrete Frage

Ein wichtiger Sicherheitsaspekt ist aus Integrator Sicht die Trennung von Sicherheitseinrichtungen wie der Alarmanlage und der Schließsysteme und dem restlichen Smart Home. Ein Einbruch in das Smart Home könnte sonst die gesamte Gebäudesicherheit kompromittieren.

Kategorie 4.2.0: Integrator

Fragestellung: Keine konkrete Frage

Bei der Implementierung einer Smart Home Lösung ist nicht nur der klassische Elektriker gefordert, der für die Verkabelung verantwortlich ist, sondern derjenige der Ahnung vom gesamten System hat. Dieses Wissen wird in speziellen Lehrgängen auf den Fachhochschulen als auch von den jeweiligen Herstellern gelehrt.

Schlussfolgerungen und Ausblick

In den Kapiteln 2-5 wurde sowohl durch die Literaturanalyse als auch durch Expertenbefragungen an der Beantwortung der zentralen Forschungsfrage gearbeitet, welche wie folgt lautet:

> "Wie müssen Dienstleistungs- und Servicemodelle im Smart Home Bereich gestaltet sein, um vom Anwender akzeptiert zu werden?"

In den folgenden Kapiteln wird sowohl die Forschungsfrage beantwortet als auch weitere Rahmenbedingungen betrachtet um das Ziel von akzeptierten Servicemodellen zu erreichen.

4.4 Beantwortung der Forschungsfrage

Bei der Analyse des Datenmaterials haben sich drei wesentliche Faktoren herauskristallisiert, welche für die Akzeptanz des Servicemodells beim Anwender entscheidend sind.

Einer der wichtigsten Faktoren um die Akzeptanz eines Servicemodells zu bewerten, ist die Ausfallzeit der Infrastruktur und in Folge die Reaktions- bzw. Wiederherstellungszeit des Dienstleisters. Die Experten sehen in diesem Fall eine sehr rasche Reaktionszeit von 1-2 Stunden für kritische Infrastruktur Einrichtungen wie Heizung, Beleuchtung, Schließsystem und Alarmanlage für notwendig um vom Anwender angenommen zu werden. Anwender agieren im Falle eines Ausfalls sehr stark über die Gefühlsebene und haben kein Verständnis für eine lange Ausfallzeit.

Ein weiterer Faktor für ein Servicemodell ist die Art des Vertragsmodells. Da sich aus den Untersuchungen ergeben hat, dass sich Konsumenten nur ungern Vertraglich binden, ist aus Konsumentensicht ein Ad hoc Servicedienst die bevorzugte Variante. Bei einer Variante mit Vertragsbindung ist der Nutzen ein entscheidender Aspekt. Durch die Preissensitivität der Konsumenten muss der Servicevertrag, neben der Entstörungsleistung, einen gezielten Mehrwert, wie zum Beispiel das optimieren des Energieverbrauchs liefern, um akzeptiert zu werden. Diese Erkenntnisse spiegeln auch die Ergebnisse der in Kapitel 3.5.2 vorgestellten Studien von Deloitte[137] und CapGemini[138] wieder, wonach lediglich bis zu 1/3 der Befragten in Erwartung von Energiekostensenkung eine monatliche Zahlungsbereitschaft zeigen.

Der letzte entscheidende Faktor der einen direkten Einfluss auf den Konsumenten und die Akzeptanz eines Servicemodells hat und in der Arbeit untersucht wurde, ist die Sicherheit der Daten und der Remotezugriff auf das System. Die Datensicherheit bzw. der Datenschutz werden von allen Befragten als sehr wichtig eingestuft. Der Dienstleister darf im Idealfall keinen Zugriff auf die Daten der Smart Home Steuereinheit erlangen. Eine Trennung von Daten und Konfiguration des Systems sollte, nach Ansicht der Experten, die Norm sein. Weiters darf der Remotezugang für den Dienstleister ausschließlich nach Freigabe durch den Anwender aktivierbar sein. Eine ständige Remoteverbindung sehen die Experten als problematisch an.

4.5 Rahmenbedingungen für Servicemodelle

Neben den beschriebenen Akzeptanzfaktoren für Servicemodelle im letzten Kapitel, gibt es einige Rahmenbedingungen die Ausfälle an der Infrastruktur minimieren und Dienstleister bei der Erfüllung der Serviceleistung unterstützen können.

---

[137] Vgl. „Ready for Takeoff? Smart Home aus Konsumentensicht", 9ff.
[138] Vgl. „SmartHome – Kaufbereitschaft und Preissensibilität".

Eine direkte Auswirkung auf die Verfügbarkeit der Systeme haben Redundanzkonzepte bzw. Fallback Szenarien. Viele der aktuell am Markt angebotenen Systeme können durch geeignete Mittel ausfallsicher aufgebaut werden und somit eine gewisse Redundanz und Ausfallsicherheit gewährleisten. Fallback Szenarien lassen sich mit Überbrückungsschaltungen oder einem dezentralen Systemdesign ermöglichen. Beide Varianten erhöhen die Ausfallsicherheit und ermöglichen es dem Anwender günstigere Servicemodelle einzukaufen bzw. dem Dienstleister längere Reaktionszeiten wahrzunehmen. Im Detail wiederspricht das dezentrale Systemdesign jedoch einer der Empfehlungen aus der sechsten Herausforderung nach Edwards und Grinter[139] wonach eine Verlagerung der Intelligenz ins Netzwerk angestrebt werden soll, um die Systeme einfacher und robuster gestalten zu können. Siehe dazu auch Kapitel 2.3.6.

Die indirekten Faktoren, Qualität beim Design und der Herstellung, Analyse und Planung der Infrastruktur vor Projektumsetzung und regelmäßige Wartung, erhöhen ebenfalls die Ausfallsicherheit. Speziell die Planung der Infrastruktur ist ein wichtiger Aspekt der bereits von der GFR - Gesellschaft für Regelungstechnik und Energieeinsparung mbH als logische Ebene im Smart Home beschrieben wurde und in Kapitel 2.4 dargestellt ist.[140]

Alle Experten sind sich einig, dass die Standardisierung der Smart Home Systemlandschaft einen wesentlichen Faktor kennzeichnet um Servicemodelle, wie es vom Konsumenten gewünscht wird, umsetzbar zu machen. Nur mit Standards ist der Konsument frei bei der Wahl seines Dienstleisters, ohne von einem Bestimmten abhängig zu sein. Ebenso kann der Dienstleister seine Leistung aufgrund eines geringeren Ausbildungsaufwandes und Lagerhaltung für Ersatzteile, der jeweiligen Lösungen, günstiger erbringen.

4.6 Conclusio

Abschließend ist zu erkennen, dass es erhebliche Anstrengungen für den Dienstleister bedarf, den Ansprüchen der Konsumenten an ein Servicemodell gerecht zu werden. Die Anforderungen nach sehr schneller Reaktionszeit, geringem Preis, hoher Sicherheit und keiner Vertragsbindung, stellen die Dienstleister vor große

---

[139] Vgl. Edwards und Grinter, „At Home with Ubiquitous Computing", 265–67.
[140] Vgl. GFR - Gesellschaft für Regelungstechnik und Energieeinsparung mbH, „Gebäudeautomation | GFR".

Herausforderungen. Für ein Servicemodell mit Vertragsbindung, welches vom Dienstleister aufgrund der Kundenbindung angestrebt wird, ist die Auseinandersetzung mit der Entwicklung von Zusatzleistungen, die einen Nutzen beim Konsumenten erzeugen unabdingbar.

Es ist zu empfehlen den Forschungsschwerpunkt auf dem Gebiet der nutzenbringenden Zusatzleistungen für Kunden im Smart Home Bereich zu legen, um das Angebot an Servicemodellen mit Vertragsbindung erweitern zu können.

Literaturverzeichnis

Fachliteratur

Aldrich, Frances K. „Smart Homes: Past, Present and Future". In Inside the Smart Home, herausgegeben von Richard Harper, 17–39. London: Springer, 2003. doi:10.1007/1-85233-854-7_2.

Arbeitsgruppe 2 des Nationalen IT-Gipfels (AG2), Hrsg. Digitale Infrastrukturen - Schwerpunkte und Zielbilder für die Digitale Agenda Deutschlands, Jahrbuch 2013/2014. 3., Korrigierte Auflage. Achim: Berlin Druck, 2013. http://deutschland-intelligent-vernetzt.org/app/uploads/sites/4/2015/12/it-gipfel-2013-jahrbuch-ag2.pdf.

Atteslander, Peter, Jürgen Cromm, Busso Grabow, Harald Klein, Andrea Maurer, und Gabriele Siegert. Methoden der empirischen Sozialforschung. 13., Neu bearbeitete und erweiterte Auflage. ESV basics. Berlin: Erich Schmidt Verlag GmbH & Co, 2010.

Augusto, Juan C, Vic Callaghan, Diane Cook, Achilles Kameas, und Ichiro Satoh. „Intelligent Environments: A Manifesto". Human-Centric Computing and Information Sciences 3, Nr. 1 (2013): 12. doi:10.1186/2192-1962-3-12.

Balta-Ozkan, Nazmiye, Benjamin Boteler, und Oscar Amerighi. „European smart home market development: Public views on technical and economic aspects across the United Kingdom, Germany and Italy". Energy Research & Social Science 3 (2014): 65–77. doi:10.1016/j.erss.2014.07.007.

Barlow, James, und Tim Venables. „Smart Home, Dumb Suppliers? The Future of Smart Homes Markets". In Inside the Smart Home, herausgegeben von Richard Harper, 247–62. London: Springer-Verlag, 2003. doi:10.1007/1-85233-854-7_13.

Brush, A.J. Bernheim, Bongshin Lee, Ratul Mahajan, Sharad Agarwal, Stefan Saroiu, und Colin Dixon. „Home Automation in the Wild: Challenges and Opportunities". In Proceedings of the SIGCHI Conference on Human Factors in Computing Systems, 2115–2124. CHI '11. New York, NY, USA: ACM, 2011. doi:10.1145/1978942.1979249.

Burmester, Michael, Magdalena Laib, Katharina Schippert, Katharina Zeiner, Nora Fronemann, und Anne Elisabeth Krüger. „Vom Problemlösen hin zum Entwerfen von Smart Homes für positive Momente und mehr Wohlbefinden". Herausgegeben von Begleitforschung Mittelstand-Digital WIK GmbH. Begleitforschung Mittelstand-Digital WIK GmbH, WISSENSCHAFT TRIFFT PRAXIS - Neue Formen des Home Experience Design, 4 (2016): 38–48.

Bushby, Steven T., H. Michael Newman, und Martin A. Applebaum. VDI-TGA/BIG-EU Leitfaden zur Ausschreibung interoperabler Gebäudeautomation auf Basis von DIN EN ISO 16484-5 Systeme der Gebäudeautomation – Datenkommunikationsprotokoll (BACnet). Übersetzt von Hans R. Kranz. 2. Aufl. BACnet Interest Group Europe e.V., 2009. http://www.big-eu.org/fileadmin/downloads/BACnet-Leitfaden2.8a-VDI-GA-BIG-EU-09-10-05.pdf.

Cook, Diane J., und Sajal K. Das. „How smart are our environments? An updated look at the state of the art". Pervasive and Mobile Computing, Design and Use of Smart Environments, 3, Nr. 2 (1. März 2007): 53–73. doi:10.1016/j.pmcj.2006.12.001.

Davis, Fred D., Richard P. Bagozzi, und Paul R. Warshaw. „User Acceptance of Computer Technology: A Comparison of Two Theoretical Models". Management Science 35, Nr. 8 (August 1989): 982–1003. doi:10.1287/mnsc.35.8.982.

Edwards, W. Keith, und Rebecca E. Grinter. „At Home with Ubiquitous Computing: Seven Challenges". In Ubicomp 2001: Ubiquitous Computing, herausgegeben von Gregory D. Abowd, Barry Brumitt, und Steven Shafer, 256–72. Lecture Notes in Computer Science 2201. Berlin Heidelberg: Springer, 2001. doi:10.1007/3-540-45427-6_22.

Fischer, Thomas, Heiko Gebauer, und Elgar Fleisch. Service Business Development : Strategies for Value Creation in Manufacturing Firms. Cambridge, UK: Cambridge University Press, 2012. https://www.alexandria.unisg.ch/215276/.

Fleisch, Elgar, Markus Weinberger, und Felix Wortmann. „Geschäftsmodelle im Internet der Dinge". Schmalenbachs Zeitschrift für betriebswirtschaftliche Forschung 67, Nr. 4 (1. Dezember 2015): 444–65. doi:10.1007/BF03373027.

Harper, Richard. „From Smart Home to Connected Home". In The Connected Home: The Future of Domestic Life, herausgegeben von Richard Harper, 3–18. London: Springer London, 2011. doi:10.1007/978-0-85729-476-0_1.

Hassenzahl, Marc, und Holger Klapperich. „Convenient, Clean, and Efficient?: The Experiential Costs of Everyday Automation". In Proceedings of the 8th Nordic Conference on Human-Computer Interaction: Fun, Fast, Foundational, 21–30. NordiCHI '14. New York, NY, USA: ACM, 2014. doi:10.1145/2639189.2639248.

Holroyd, Patrick, Phil Watten, und Paul Newbury. „Why Is My Home Not Smart?" In Aging Friendly Technology for Health and Independence, 53–59. Lecture Notes in Computer Science. Berlin, Heidelberg: Springer, 2010. doi:10.1007/978-3-642-13778-5_7.

Jacobsson, Andreas, und Paul Davidsson. „Towards a model of privacy and security for smart homes", 727–32. IEEE, 2015. doi:10.1109/WF-IoT.2015.7389144.

Jiang, Li, Da-You Liu, und Bo Yang. „Smart home research". In Proceedings of 2004 International Conference on Machine Learning and Cybernetics (IEEE Cat. No.04EX826), 2:659–63, 2004. doi:10.1109/ICMLC.2004.1382266.

Jurran, Nico. „Hintereingang inklusive, Fatales Sicherheitsleck beim Smart-Home-System von Loxone". c't Magazin 19/2016 (3. September 2016): 72–75.

Lübbeke, Thomas. „Akzeptanz von Smart Homes–von der Theorie zur Vermarktung". Herausgegeben von Begleitforschung Mittelstand-Digital WIK GmbH. Begleitforschung Mittelstand-Digital WIK GmbH, WISSENSCHAFT TRIFFT PRAXIS - Neue Formen des Home Experience Design, 4 (2016): 21–26.

―――. „Einflussfaktoren der Akzeptanz von smart homes". Alpen-Adria-Universität Klagenfurt, Fakultät für Kulturwissenschaften / Fakultät für Technische Wissenschaften, 2015.

Malottki, Jonas von, und Mirko Dölle. „Digitaler D-Day, Installationswege und versteckte Funktionen gefährden Privatsphäre und Sicherheit". c't Magazin 08/2017 (1. April 2017): 72–75.

Mayring, Philipp. Qualitative Inhaltsanalyse: Grundlagen und Techniken. 11., Aktualisierte und überarbeitete Auflage. Beltz Pädagogik. Weinheim und Basel: Beltz GmbH, Julius, 2010.

Meuser, Michael, und Ulrike Nagel. „Das Experteninterview — konzeptionelle Grundlagen und methodische Anlage". In Methoden der vergleichenden Politik- und Sozialwissenschaft, 465–79. Wiesbaden: VS Verlag für Sozialwissenschaften, 2009. doi:10.1007/978-3-531-91826-6_23.

Mieg, Harald A., und Matthias Näf. „Experteninterviews in den Umwelt- und Planungswissenschaften. Eine Einführung und Anleitung", 2.Auflage., 51. Zürich: Institut für Mensch-UmweltSysteme (HES), ETH Zürich, 2005. http://metropolenforschung.de/download/Mieg_Experteninterviews.pdf.

Porter, Michael E. „The Five Competitive Forces That Shape Strategy". Harvard Business Review, HBR's 10 Must Reads on Strategy, 2008, 25–40.

Schallmo, Daniel. Geschäftsmodell-Innovation - Grundlagen, bestehende Ansätze,. Wiesbaden: Springer Fachmedien Wiesbaden, 2013. doi:10.1007/978-3-658-00245-9.

Schallmo, Daniel R.A., Hrsg. Kompendium Geschäftsmodell-Innovation - Grundlagen, aktuelle Ansätze und Fallbeispiele zur erfolgreichen Geschäftsmodell-Innovation. Wiesbaden: Springer Fachmedien Wiesbaden, 2014. doi:10.1007/978-3-658-04459-6.

Schmid, M. T., M. Pospiech, und C. Felden. „Identification of Smart Home Potentials in Germany". In 2015 IEEE 12th Intl Conf on Ubiquitous Intelligence and Computing and 2015 IEEE 12th Intl Conf on Autonomic and Trusted Computing and 2015 IEEE 15th Intl Conf on Scalable Computing and Communications and Its Associated Workshops (UIC-ATC-ScalCom), 1210–15. Freiberg, 2015. doi:10.1109/UIC-ATC-ScalCom-CBDCom-IoP.2015.220.

Solaimani, Sam, Wally Keijzer-Broers, und Harry Bouwman. „What We Do – and Don't – Know about the Smart Home: An Analysis of the Smart Home Literature". Indoor and Built Environment 24, Nr. 3 (1. Mai 2015): 370–83. doi:10.1177/1420326X13516350.

Strese, Hartmut, Uwe Seidel, Thorsten Knape, und Alfons Botthof. „Smart Home in Deutschland". Institut für Innovation und Technik (iit), 2010, 46.

Teece, David J. „Business models, business strategy and innovation". Long range planning, Business Models, 43, Nr. 2 (1. April 2010): 172–194. doi:10.1016/j.lrp.2009.07.003.

Venkatesh, Viswanath, und Fred D. Davis. „A Theoretical Extension of the Technology Acceptance Model: Four Longitudinal Field Studies". Management Science 46, Nr. 2 (1. Februar 2000): 186–204. doi:10.1287/mnsc.46.2.186.11926.

Weiser, Mark. „The Computer for the 21st Century". Scientific American 265, Nr. 3 (1991): 94–104. doi:10.1038/scientificamerican0991-94.

Zott, Christoph, Raphael Amit, und Lorenzo Massa. „The Business Model: Recent Developments and Future Research". Journal of Management 37, Nr. 4 (1. Juli 2011): 1019–1042. doi:10.1177/0149206311406265.

Internetlinks

APA – Austria Presse Agentur eG. „Digital Business Trends: Experten sehen noch Stolpersteine auf dem Weg zum ‚Smart Home'". Digital Business Trends. Zugegriffen 29. Juni 2017. http://www.dbt.at/Site/Rueckschau_DBT_28.01.2016.de.html.

Apple Inc. „iOS - Home". Apple. Zugegriffen 3. September 2017. http://www.apple.com/ios/home/.

Arnold Picot, Rahild Neuburger, Nico Grove, Christoph Janello, Nikolaus Konrad, Johann Kranz, und Stefan Taing. „Studienreihe zur Heimvernetzung - Band 3 - Treiber und Barrieren der Heimvernetzung". Berlin-Mitte: BITKOM Bundesverband Informationswirtschaft, Telekommunikation und neue Medien e. V., Oktober 2008. Zugegriffen 18. September 2016. https://www.bitkom.org/Bitkom/Publikationen/Treiber-und-Barrieren-der-Heimvernetzung.html.

Boßow-Thies, Silvia, Hatim Moussa, Stephanie Peetz, Marc Sauthoff, Gunther Wagner, und Philipp Zimmermann. „Smart Home - Zukunftschancen verschiedener Industrien". München: Capgemini Deutschland GmbH, Dezember 2011. Zugegriffen 22. Juli 2017. https://www.de.capgemini.com/energieversorger/smart-home.

Botthof, Alfons, Thomas Heimer, und Hartmut Strese. „SmartHome2Market Marktperspektiven für die intelligente Heimvernetzung – 2016". Berlin: Bundesministerium für Wirtschaft und Energie (BMWi), Juni 2016. Zugegriffen 30. Juni 2017. http://www.digitale-technologien.de/DT/Redaktion/DE/Downloads/Publikation/smarthome-broschuere.pdf?__blob=publicationFile&v=9.

Brandt, Mathias. „Infografik: Das Für und Wider des smarten Wohnens, Auszüge aus der Studie ‚Die Vermessung des digitalen Konsumenten'". Statista Infografiken. Zugegriffen 7. Juli 2017. https://de.statista.com/infografik/3718/pro-und-contra-smart-home/.

Brucke, Matthias, Claas Busemann, Wilko Heuten, Jens Kamenik, Ontje Lünsdorf, und Ann-Kathrin Sobeck. „Studienreihe zur Heimvernetzung - Band 2 - Gesellschaftlicher Nutzen der Heimvernetzung". Berlin-Mitte: BITKOM Bundesverband Informationswirtschaft, Telekommunikation und neue Medien e. V., Oktober 2008. Zugegriffen 18. September 2016. https://www.bitkom.org/Bitkom/Publikationen/Gesellschaftlicher-Nutzen-der-Heimvernetzung.html.

Bundeskanzleramt Österreich. „Datenschutz in Europa – Globale Ausrichtung - Aktuelle Nachrichten aus dem Bundeskanzleramt". Zugegriffen 7. Mai 2017. https://www.bka.gv.at/-/datenschutz-in-europa-globale-ausrichtung.

Bundesministerium der Justiz und für Verbraucherschutz. „Artikel | ‚Smart Home – Wie digital wollen wir wohnen?'" Zugegriffen 25. Mai 2017. http://www.BMJV.de/SharedDocs/Artikel/DE/2017/02142017_SID2017.html.

Firstpost. „IoT at home: 700 million smart connected homes expected by 2020". Firstpost. Zugegriffen 22. Juli 2017. http://www.firstpost.com/business/iot-home-700-million-smart-connected-homes-expected-2020-2382006.html.

Fraunhofer-Gesellschaft zur Förderung der angewandten Forschung e.V. „Auf dem Weg zum sicheren Smart Home - Forschung Kompakt September 2014 - Thema 1". Fraunhofer-Gesellschaft. Zugegriffen 29. Jänner 2017. http://www.fraunhofer.de/de/presse/presseinformationen/2014/September/auf-dem-weg-zum-sicheren-smart-home.html.

GFR - Gesellschaft für Regelungstechnik und Energieeinsparung mbH. „Gebäudeautomation | GFR". Hersteller Website. Zugegriffen 27. Juni 2017. https://www.gfr.de/produkte/gebaeudeautomation/.

Glasberg, Ronald, und Nadja Feldner. „Leitfaden zur Heimvernetzung - Bedeutung und Nutzen der Heimvernetzung - Ausgewählte Anwendungsmöglichkeiten - Technologien - Planung und Einrichtung eines Heimnetzwerkes". Berlin-Mitte: BITKOM Bundesverband Informationswirtschaft, Telekommunikation und neue Medien e. V., November 2009. Zugegriffen 18. September 2016. https://www.bitkom.org/Bitkom/Publikationen/Leitfaden-zur-Heimvernetzung-Band-1.html.

———. „Studienreihe zur Heimvernetzung - Band 1 - Konsumentennutzen und persönlicher Komfort". Berlin-Mitte: BITKOM Bundesverband Informationswirtschaft, Telekommunikation und neue Medien e. V., Oktober 2008. Zugegriffen 18. September 2016. https://www.bitkom.org/Bitkom/Publikationen/Konsumentennutzen-und-persoenlicher-Komfort.html.

GlobalCom PR-Network GmbH. „Smart Homes sind keine Zukunftsmusik – Clean Energy Project". cleanenergy-project, März 2012. Zugegriffen 29. Jänner 2017. http://www.cleanenergy-project.de/smart-homes-sind-keine-zukunftsmusik/.

Klebsch, Wolfgang, Julia Masurkewitz, Torsten Witusch, Axel Heßler, Til Landwehrmann, Siegfried Pongratz, Cornelia Rieß, und Mathias Wilhelm. „Statusbericht SMART HOME IT-Sicherheit und Interoperabilität als Schrittmacher für den Markt". Frankfurt: VDE VERBAND DER ELEKTROTECHNIK ELEKTRONIK INFORMATIONSTECHNIK e. V., November 2014. Zugegriffen 7. Jänner 2017. http://partner.vde.com/smarthome/news/statusbericht/documents/broschuere%20statusbericht%20smart%20home_a4_60%20seiten.pdf.

„Licht ins Dunkel-Erfolgsfaktoren für das Smart Home". Deloitte & Touche GmbH, November 2013. Zugegriffen 29. Jänner 2017. http://www.connected-living.org/content/4-information/4-downloads/4-studien/22-licht-ins-dunkel-erfolgsfaktoren-fuer-das-smart-home/licht-ins-dunkel-erfolgsfaktoren-fuer-das-smart-home.pdf.

„Marktaussichten für Smart Home". Berlin-Mitte: BITKOM Bundesverband Informationswirtschaft, Telekommunikation und neue Medien e. V., Oktober 2014. Zugegriffen 18. September 2016. https://www.bitkom.org/Bitkom/Publikationen/Marktaussichten-fuer-Smart-Home.html.

Nest Labs Inc. „nest - Home". Nest. Zugegriffen 3. September 2017. https://www.nest.com/.

Nippie. Aufbau des Technology Acceptance Models. Own work. Zugegriffen 29. Juli 2017. https://commons.wikimedia.org/wiki/File:Technology_Acceptance_Model.png.

———. Übersicht Technology Acceptance Model 2. Own work. Zugegriffen 29. Juli 2017. https://commons.wikimedia.org/wiki/File:TAM2.png.

P., Friedrich. „Project ViTAL (assistiVe domoTics for Autonomous Living)". Department of Embedded Systems. Zugegriffen 7. Mai 2017. https://embsys.technikum-wien.at/projects/ViTAL/index.php.

„Ready for Takeoff? Smart Home aus Konsumentensicht". München: Deloitte Consulting GmbH, Technische Universität München, Juli 2015. Zugegriffen 30. Juli 2017. http://www.connected-living.org/content/4-information/4-downloads/4-studien/8-ready-for-takeoff/deloitte-smart-home-consumer-survey-20150701.pdf.

„Smart Home". Wikipedia. Zugegriffen 28. August 2017. https://de.wikipedia.org/w/index.php?title=Smart_Home&oldid=168227952.

„SmartHome – Kaufbereitschaft und Preissensibilität". Energiewirtschaft, Informationen, Meinungen, April 2012. Zugegriffen 7. Juli 2017. https://ehomeblog.wordpress.com/2012/04/05/smarthome-kaufbereitschaft-und-preissensibilitat/.

Steiner-Hochgatterer, Andreas, und Martin Morandell. „AAL Vision Österreich - Positionspapier". Positionspapier. Wien: AAL AUSTRIA Innovationsplattform für intelligente Assistenz im Alltag, April 2014. Zugegriffen 6. Mai 2017. http://www.aal.at/wp-content/uploads/2016/02/AAL_Vision_%C3%96_Positionspapier_final_online_27042015.pdf.

„Studie zum Fachkräftemangel 2016". Manpower. Zugegriffen 27. Juli 2017. https://www.manpower.at/studie-fachkraeftemangel-2016.

„Studie zur Geschäftsmodellentwicklung für den AAL-Markt unter Berücksichtigung der österreichischen Rahmenbedingungen". Baden - Siegenfeld: WPU Wirtschaftspsychologische Unternehmensberatung GmbH, Juni 2013. Zugegriffen 18. Juli 2017. https://www.ffg.at/sites/default/files/allgemeine_downloads/thematische%20programme/aal-geschaeftsmodelle.pdf.

Texas Instruments Incorporated, Hrsg. „ZigBee Wireless Networking Overview, 2013". Zugegriffen 28. Juni 2017. http://www.ti.com/lit/sg/slyb134d/slyb134d.pdf.

Tritthart, Wibke, Pia Thielen, Alexander Storch, Inge Schrattenecker, und Lisa Purker. „Smart City STANDARDS Normung für die nachhaltige Entwicklung von Städten und Kommunen". Grundlagen für die Normung Teil 2: Potenziale der Normung und Prozessmodule. Wien: Klima- und Energiefonds, Mai 2015. Zugegriffen 25. Mai 2017. http://www.smartcities.at/assets/03-Begleitmassnahmen/SC-STANDARDS-Bericht-Teil2-fin.pdf.

„Umfrage: Smart-Home-Technologien werden noch völlig unterschätzt". Robert Bosch GmbH, August 2016. Zugegriffen 29. Jänner 2017. http://www.bosch-presse.de/pressportal/de/de/umfrage-smart-home-technologien-werden-noch-voellig-unterschaetzt-58240.html.

Anhang

Kategorisierte Experteninterviews

Kategorie 1.1.0: Kritische Infrastruktur – Aufzählung

Befragter	Kat. Nr.	#	Paraphrase	Generalisierung/Reduktion
C.R.	K1.1.0	1	Waschmaschine, Staubsauger, Kühlschrank, Heizung, Beleuchtung	Zur Kritischen Infrastruktur zählen folgende : Drei Mal genannt wurden sowohl Heizung/Lüftung bzw. Klimatisierung als auch Beschattung, Jalousien bzw. Rollläden Zwei Mal wurde Alarmanlage, Lichtmanagement und Strom genannt Jeweils Einmal kamen Haushaltsgeräte wie Kühlschrank, Waschmaschine und Staubsauger als auch SAT-Anlage, Rufsysteme, Internetverbindung, Brandmelder und Sturzsensor Jalousien bzw. Rollläden sollten Aufgrund eines Brandes funktionstüchtig sein um Flüchten zu können.
M.E.	K1.1.0	1	Heizung, Klimatisierung, Alarmanlage, Rollläden sollten im Falle eines Brandes funktionieren um flüchten zu können	
M.M.	K1.1.0	1	Definitiv Strom, weil ohne Strom kein Smart Home, ich habe zwei Dinge mit dem Smart Home gelöst, nämlich Strom bzw. Licht und Jalousien	
M.M.	K1.1.0	2	Ob eine Alarmanlage funktioniert oder nicht ist meiner Meinung nach wieder hinfällig also irrelevant	
J.S.	K1.1.0	1	Die Priorität sehe ich auf jeden Fall bei Ruf Systemen, jene die Menschen unbedingt benötigen damit sie sich bemerkbar machen können. Hintergrund ist AAL	
J.S.	K1.1.0	2	Eine gute Internetverbindung und nach außen gut erreichbar zu sein ist bei uns der Knackpunkt.	
M.K.	K1.1.0	1	wichtigste	
M.K.	K1.1.0	2	Stromausfälle passieren selten	
T.Z.	K1.1.0	1	Lichtmanagement, Beschattung, Alarm, Heizung	

Anhang

Kategorie 1.1.1: Kritische Infrastruktur – Priorität

Befragter	Kat. Nr.	#	Paraphrase	Generalisierung/Reduktion	Schlüsselaussage
C.R	K1.1.1	1	Heizung, Beleuchtung, Kühlschrank, Staubsauger, Waschmaschine	Wie die Zusammenfassung zeigt hängt die Priorität vom jeweiligen Standpunkt ab. Die häufigsten Nennungen sind Heizung, Beleuchtung, Schließsystem und Alarmanlage. Die Alarmanlage wurde zweimal auf Platz 1 gereiht, gefolgt von Heizung, Strom, Entertainment, Internetverbindung, Brandmelder und Wasser. Wichtig sind vor allem die Sicherheitseinrichtungen, welche durch den seltenen Gebrauch jedoch nicht im Fokus der Anwender stehen.	
M.E	K1.1.1	1	Also in erster Linie die Alarmanlage, Heizung, Lüftung, Licht		
M.M.	K1.1.1	1	Strom und dahinter gleich die Heizung, Garagensteuerungen oder Türsteuerungen. Jalousien würde ich als nächste kritische Komponente sehen. Wenn sie unten sind ist das Suboptimal wenn das ganze Haus finster ist.		
M.M.	K1.1.1	1	Wasser, Strom, Heizung, Licht, Beschattung, Schließsysteme, Belüftung/Klima, die Verbindung zum Mobilfunk oder Internetprovider, Alarmanlage, Videoüberwachung, Multimedia, Internet of Things, E-Health, Wearables, Brandschutz, Rasensprenger oder Gießanlagen		
S.E	K1.1.1	1	Aus Sicht der AAL ist Kommunikation das wichtigste dann kommt auf jeden Fall die Mobilität um die Gegensprechanlage zu benutzen. Danach automatisierte Türen und Fenster die zumindest gekippt werden können. Dann das Licht und Entertainment für Informationen.		
J.E	K1.1.1	1	SAT Anlage, Heizung, wenn Strom Ausfälle sind dann müssen wir auch relativ rasch reagieren.		
M.E.	K1.1.1	1	Kleinigkeiten das eine Steckdose oder ein Licht nicht funktioniert ist den Anwendern relativ egal		
T.Z.	K1.1.1	1	Alarme, Zutritte		
F.P.	K1.1.1	1	Wenn der Brandmelder dann nicht funktioniert wenn man ihn braucht ist das ein Problem. Oder der Sturzsensor aus der AAL Thematik nicht funktioniert ist es ebenfalls ein Knock-out Kriterium. Das hat aus der Safety Sicht die höchste Priorität.		
F.P.	K1.1.1	1	Diese Ausnahmefälle, der Sturz der Brand, das passiert relativ selten, das ist den Anwendern nicht bewusst, dass das die höchste Priorität ist.		Diese Ausnahmefälle, der Sturz der Brand, das ist den Anwendern nicht bewusst, dass das die höchste Priorität ist.

Komponente	C.R	M.E	M.M	S.S	J.S	M.K	T.Z	F.P	Nennungen
Heizung / Lüftung / Klimatisierung	1	2	2	3	4	3	2		5
Beleuchtung	2	3	3	6	2				4
Schließsystem				2		2			4
Alarmanlage		1		8	1				3
Strom			1	2		3			3
Entertainment / SAT Anlage				9	4	1			3
Beschattung / Jalousien / Rollläden			4	5					2
Internetverbindung / Kommunikation				7	1				2
Brandmelder								1	1
Kühlschrank	3			10					1
Staubsauger	4								1
Waschmaschine	5								1
Wasser				1					1
Sturzsensor								2	1

Kategorie 1.2.1: Ausfall der Infrastruktur – Ausfallzeiten

Befragter	Kat. Nr.	#	Paraphrase	Generalisierung/Reduktion	Schlüsselaussage
M.E.	K1.2.1	1	Das kommt auf die Person an. Eigentlich muss es immer funktionieren.	Im privaten Wohnumfeld muss das Smart Home aus Gefühls-Sicht immer funktionieren.	
M.M.	K1.2.1	1	Insofern gute Fragen über die sich ein normaler Smart Home Anwender wahrscheinlich in erster Instanz keine Gedanken macht.	2 Anwender 2 Integratoren und ein Vertreiter aus der Wissenschaft sehen einen Ausfall bis maximal 1 bis 2 Stunden als akzeptabel.	Insofern gute Fragen über die sich ein normaler Smart Home Anwender wahrscheinlich in erster Instanz keine Gedanken macht.
M.M.	K1.2.1	2	Also ich würd einmal sagen wahrscheinlich viel länger als einen Tag würde einen Ausfall, für die im ersten Punkt definierten kritische Systeme, wohl keiner aushalten.	Weniger wichtige Systeme können noch einer Meinung auch 2 Tage ausfallen. Ein Anwender und ein Vertreter eines Herstellers sind der Meinung das 1 bis 2 Tage akzeptabel sind.	
S.S.	K1.2.1	1	Unter einer Stunde müssen die kritischen Systeme repariert sein. Weniger wichtige können auch 2 Tage ausfallen. z.B.: Alarmanlage		
J.S.	K1.2.1	1	Bei Anwendern die es privat nutzen wird schon mal toleriert, dass ein Wochenende dazwischen ist. Ein bis zwei Tage sind nicht so die Tragik.	In Industrie bzw. Gewerbe sind bei Auswirkungen auf Kunden Ausfallzeiten überhaupt nicht akzeptabel.	
M.K.	K1.2.1	1	Im Prinzip gar keine. Innerhalb von zwei bis drei Stunden müssen wir Vorort sein wenn wir den Kunden behalten wollen.		Im Prinzip gar keine. Innerhalb von zwei bis drei Stunden müssen wir Vorort sein wenn wir den Kunden behalten wollen.
T.Z.	K1.2.1	1	Akzeptabel sind maximal zwei bis drei Stunden		
F.P.	K1.2.1	1	Das hängt ein bisschen damit zusammen wie träge die Systeme sind und wie schnell die Reaktion ist die ich erwarte. Lichtschalten, Jalousien bedienen, das sind Dinge, mit einem aktiven Userinterface und dies ist eigentlich der kritische Aspekt, in meinen Augen.		
F.P.	K1.2.1	2	Ein Hotel in Österreich bei dem die Schlösser gehackt worden sind und dann der Betreiber erpresst wurde, sind Ausfallzeiten überhaupt nicht akzeptabel. Die Gäste konnten in dem Fall nicht mehr ins Zimmer		
F.P.	K1.2.1	3	Wenn bei Cloud basierten Lösungen das Internet ausfällt und der Fernseher oder das Licht nicht bedient werden kann, dann ist die Akzeptanz sofort dahin.		
F.P.	K1.2.1	4	Im privaten Wohnumfeld muss das aus Gefühls-Sicht immer funktionieren.		

Kategorie 1.2.2: Ausfall der Infrastruktur – Abkehr vom Smart Home

C.R.	K1.2.2	1	Ja, ich würde auf das Smart Home verzichten.
C.R.	K1.2.2	1	Der Verzicht aufs Smart Home können sich zwei Anwender vorstellen.
M.M.	K1.2.2	1	Meiner Meinung nach ja, wenn das öfters passieren würde. (Monatsrhythmus)
M.M.	K1.2.2	1	Auch der Vertreter der Wissenschaft denkt das es bei einem nicht funktionierenden System im Raum steht.
S.S.	K1.2.2	1	Nein also ich würde auf keinen Fall weggehen von dem Automatismus. Sofern die Hardware austauschbar ist und die Software nach Vorgabe funktioniert, würde ich mich als technisch Affiner Mensch nicht abwenden.
S.S.	K1.2.2	1	Keinen Verzicht aufs Smart Home sehen jedoch die Integratoren, Hersteller und ein Anwender. Es bestehen zu viele Vorteile die man zu schätzen gelernt hat.
J.S.	K1.2.2	1	Das Einer sagt, ich brauch es gar nicht und ich gebe es wieder zurück, das passiert nicht
M.K.	K1.2.2	1	Nein im privaten Bereich nicht, da zum Beispiel jeder den zentralen Ausschalter genießt. Der Nutzen ist wesentlich höher, es gibt auch fast keine Ausfälle, die Systeme laufen extrem stabil.
T.Z.	K1.2.2	1	Kunden die jetzt mal Smart Home haben, können es sich nach einer Zeit gar nicht mehr anders vorstellen
T.Z.	K1.2.2	1	Kunden die jetzt mal Smart Home haben, können es sich nach einer Zeit gar nicht mehr anders vorstellen
F.P.	K1.2.2	1	Der Hotelbetreiber der gehackt wurde, hat die Smartschlösser wieder ausgebaut und ist zu einem klassischem nicht-verdrahteten System zurückgegangen. Die Abkehr steht schon im Raum, denn wenn ich da viel Geld für Smart Home ausgebe erwarte ich mir ein funktionierendes System.

Kategorie 1.2.3: Ausfall der Infrastruktur – Wunsch nach Servicemodellen

Befragter	Kat. Nr.	#	Paraphrase	Generalisierung/Reduktion	Schlüsselaussage
C.R.	K1.2.3	1	Ja, in der Art eines Schlüsseldienst 7/24.	Zwei Befragte meinen das der Wunsch vorhanden ist, wobei Zwei weitere Befragte nicht glauben das es ein Anwender bereit ist dafür Geld zu bezahlen. Nur wenn die Kosten von einem Dritten wie einer Versicherung im Falle von Behinderten Menschen übernommen wird, ist der Wunsch nach einem Servicemodell sehr hoch.	Ich glaube im Vorfeld überlegt sich fast Niemand was dazu.
M.M.	K1.2.3	1	Das wird bei den privaten Smart Home Besitzern überhaupt erst ein Thema wenn einmal was passiert ist. Ich glaube im Vorfeld überlegt sich fast Niemand was dazu.		
S.S.	K1.2.3	1	Auf jeden Fall der Wunsch ist da.		
J.S.	K1.2.3	1	Wenn im Falle eines Arbeitsunfall ein Smart Home eingebaut wird und die Wartungsrechnung der AUVA geschickt, dann schon. Wenn er Privat aufkommen muss, dann überlegen sich die Leute schon ob sie so etwas machen. Die rufen nur dann an wenn etwas defekt ist.		
F.P.	K1.2.3	1	Niemand will dafür etwas zahlen. Wenn beim Smart Home Servicemodell nicht irgendein Feature mit angeboten wird, glaube ich nicht, dass man mit der reinen Wartung viel Geld verlangen kann.		

Anhang

Kategorie 1.3.1: Vorbeugen von Ausfällen – Möglichkeiten und Gestaltung der Lösung

Befragter	Kat. Nr.	#	Paraphrase	Generalisierung/Reduktion
C.R.	K1.3.1	1	7/24 Ad hoc Dienst oder Verzicht auf Smart Home	Servicemodelle:
C.R.	K1.3.1	2	Innerhalb von 24 Stunden müsste der Dienstleister kommen	Drei Anwender und ein Integrator sehen Servicemodelle abhängig von der preislichen Gestaltung und vom raschen Tausch der kritischen Komponenten, als Möglichkeit die Auswirkungen von Ausfällen abzuschwächen. Die Servicemodelle kann man zudem als Versicherung wahrnehmen. Ein Ad hoc Dienst muss innerhalb eines Tages die Entstörung einleiten. Einige der Befragten haben sich noch keine Gedanken zu Servicemodellen gemacht.
M.E.	K1.3.1	1	Redundanz bei wichtigen Komponenten (Alarmanlage, Türschloss), oder Abkehr in diesen Bereichen vom Smart Home	
M.E.	K1.3.1	2	Servicemodelle einzusetzen entscheidet sich nach der Höhe der Kosten	
M.E.	K1.3.1	3	Die Analyse und Planung im Vorfeld ist das wichtigste. Danach einmalig programmieren und eventuell nach einer bestimmten Zeit nochmals adaptieren. Dann muss das Smart Home laufen, da es sonst nicht leistbar ist.	
M.M.	K1.3.1	1	Redundanz Konzept auf jeden Fall wenn es leistbar und wirtschaftlich im privaten Bereich sinnvoll ist.	Redundanz: Von allen Befragten wird Redundanz von wichtigen Komponenten, sofern die Kosten gering sind oder die Abkehr von der Automatisierung in wichtigen Bereichen als wichtige Vorbeugungsmaßnahme genannt. Auch im öffentlichen Bereich wie Krankenhäusern ist der Einsatz von Redundanz unumgänglich. Im Detail können Backup bzw. Standby Server, zusätzliche Netzteile und Batterien eingesetzt werden. Wichtige Komponenten wie Schließsystem und Zentraleinheit können über eine USV oder Notstromaggregat betrieben werden. Weiters kann dem Kunden die Programmierung auf einer zweiten SD-Karte übergeben werden. Redundanz wird auch durch ein dezentrales Systemdesign wie zum Beispiel KNX erreicht.
M.M.	K1.3.1	2	Verzicht auf Smart Home in diesen Bereichen prinzipiell natürlich möglich, ob man das einfach umsetzen kann ist halt die Frage.	
M.M.	K1.3.1	3	Servicemodelle und 7x24 geht dann in Richtung der Versicherung. Ich hab mir eigentlich noch keine Gedanken darüber gemacht.	
S.S.	K1.3.1	1	Es muss alles auch irgendwie manuell bedienbar sein, es darf nicht die volle Abhängigkeit von irgendeiner Software bestehen. Ein Fallback Szenario sozusagen	
S.S.	K1.3.1	2	Es muss redundant und leistbar sein	
S.S.	K1.3.1	3	Servicemodelle könnte ich mir vorstellen, sofern die preisliche Gestaltung passt und die kritischen Komponenten rasch getauscht werden..	
J.S.	K1.3.1	1	Regelmäßige Wartung der Komponenten kann Ausfällen vorbeugen.	
J.S.	K1.3.1	2	Unseren Grundsatz Philosophie ist, dass man die Systeme so gut verarbeitet, dass wenige Ausfälle zu erwarten sind, weil dann sofort das Kundenvertrauen sinkt.	Fallback Szenario: Die Aktoren müssen auch manuell Bedienbar sein bzw. Überbrückungsschaltungen implementiert werden, um die Abhängigkeit von der Software und dem Smart Home zu minimieren.
J.S.	K1.3.1	3	Im Krankenhaus Bereich ist Redundant bzw. ein Backup Server oder eine zweite Batterie wichtig.	
M.K.	K1.3.1	1	Wir haben sogar überlegt ob wir nicht parallel noch ein zweites Netzgerät einbauen weil das ist der einzige Schwachpunkt. Bei Systemen mit Zentralrechner ist ebenfalls eine Redundanz zu überlegen.	Nicht zu vernachlässigen ist das regelmäßige Wartung Ausfällen vorbeugen kann.
M.K.	K1.3.1	2	24 Stundendienste hab ich schon angeboten	Für Hersteller und die Wissenschaft ist Qualität beim Design und der Herstellung der Komponenten das Mittel um Ausfälle zu verhindern bzw. zu minimieren. Ebenso ist die Analyse und Planung im Vorfeld ein wichtiger Aspekt um gegen Störungen im Betrieb vorzusorgen.
T.Z.	K1.3.1	1	Redundanz, Ad hoc Servicedienst	
T.Z.	K1.3.1	2	USV Unterstützung für die Zentraleinheiten und Motorschlösser	
T.Z.	K1.3.1	4	Zur Redundanz wird dem Kunden mittlerweile immer eine zweite SD-Karte mit der letzten Programmierung übergeben, oder ein zweiter Redundanter Server verbaut. Überbrückungsschaltungen für Licht sind auch möglich	
T.Z.	K1.3.1	5	Ad hoc Leistung: Ich bin immer präsent	
T.Z.	K1.3.1	6	Industrie Nahe Systeme haben direkt am Aktor den Schalter, wenn irgendetwas ausfällt, kann man es manuell einschalten.	
F.P.	K1.3.1	1	Verzicht auf Smart Home in Bereichen glaube ich nicht	
F.P.	K1.3.1	2	Es ist eher mehr die Herausforderung im IT Bereich oder in der Forschung und Entwicklung Lösungen zu schaffen die Wartbar und Updatebar sind.	
F.P.	K1.3.1	3	Redundanzen natürlich...ist eine Kostenfrage	
F.P.	K1.3.1	4	Um einen Stromausfall zu überbrücken kann man ein Aggregat in den Keller stellen oder mit einer Batterie puffern.	
F.P.	K1.3.1	5	Die Redundanz ist teilweise bei dezentralen Systemen die auf InstaBus, KNX oder EIB basieren gegeben. Es gibt keinen Server, der Lichtschalter spricht direkt mit dem Aktor.	
F.P.	K1.3.1	6	Vorteil, da KNX von der Systemarchitektur her relativ offen und tauschbar ist	

107

Kategorie 1.3.2: Vorbeugen von Ausfällen – Verfügbarkeit von Ersatzteilen

Befragter	Kat. Nr. #	Paraphrase	Generalisierung/Reduktion	Schlüsselaussage
M.M.	K1.3.2 1	In Wirklichkeit müsste man sich schon beim Kauf die Frage stellen ob diese Smart Home Komponenten überhaupt längerfristig verfügbar sind. Man kann da sehr schnell auf ein System setzen, das es ein Jahr später nicht mehr gibt und die Firmen das Service dann nicht mehr erbringen können.	Durch die lange Betriebszeit einer Smart Home Lösung von 10-25 Jahren ist ein wichtiger Aspekt die Auswahl des richtigen Lieferanten um die Ersatzteil- und Serviceverfügbarkeit sicher zu stellen. Es ist wichtig den gesamten Lifecycle zu beachten und auf offene Systeme wie KNX zu setzen, welche von mehreren Firmen beherrscht werden.	In Wirklichkeit müsste man sich schon beim Kauf die Frage stellen ob diese Smart Home Komponenten überhaupt längerfristig verfügbar sind. Man kann da sehr schnell auf ein System setzen, das es ein Jahr später nicht mehr gibt und die Firmen das Service dann nicht mehr erbringen können.
S.S.	K1.3.2 1	Bei einem Supportvertrag ist es wichtig das es die Firma in 10 Jahren und länger auch noch gibt, da ein Haus sehr lange in Betrieb ist.		
F.P.	K1.3.2 1	Ausfall der kritischen Infrastruktur hängt im Prinzip damit zusammen, ob es in fünf Jahren die Firma die das Smart Home eingebaut hat noch gibt. Da muss man im Prinzip den ganzen Lifecycle beachten und auf offene Systeme setzen, wie KNX welche von mehreren Firmen beherrscht werden.		

Kategorie 1.3.3: Vorbeugen von Ausfällen – Geringe Ausfällhäufigkeit

Befragter	Kat. Nr.	#	Paraphrase	Generalisierung/Reduktion
M.E.	K1.3.3	1	Nach 10 Jahren Erfahrung muss ich ehrlich sagen das dass funktioniert!	Sowohl einige Anwender wie auch die Integratoren meinen das die implementierten Smart Home Anlagen sehr stabil laufen und im Laufe von mehreren Jahren nur sehr selten Ausfälle gezeigt haben. Vor allem durch den dezentralen Aufbau der Industrienahen Anlagen, haben Ausfälle nur geringe Auswirkungen auf die Bewohner.
M.M.	K1.3.3	1	Die Industrienahen Steuerungen sind glaube ich relativ zuverlässig. Und diejenigen die basteln und sich ein Smart Home in eigen Regie machen, kaufen sich diverse Ersatzteile selber gleich mit.	
S.S.	K1.3.3	1	Das Smart Home fällt jedoch sehr selten aus, somit zahlt sich das meist nicht aus.	
M.K.	K1.3.3	1	Die Industrie Nahen Systeme die auf KNX und InstaBus basieren laufen sehr stabil.	
T.Z.	K1.3.3	1	Von den vielen Anlagen die ich gebaut habe, haben wir erst zwei Mal einen Fehler gehabt.	

Kategorie 2.1.0: Servicemodelle – Kenntnis aktueller Modelle

Befragter	Kat. Nr.	#	Paraphrase	Generalisierung/Reduktion	Schlüsselaussage
M.M.	K2.1.0	1	Ich kenne kein einziges. Wäre mir auch von meinem derzeitigen Lieferanten überhaupt nicht angeboten worden.	Anwendern sind keine Servicemodelle bekannt bzw. wurden von den betreuten Unternehmen auch nicht angeboten.	Mein Servicemodell ist eher das Prinzip Hoffnung, dass ich meinen Lieferanten anrufen kann und der mir hilft wenn es wirklich so sein sollte.
M.M.	K2.1.0	2	Mein Servicemodell ist eher das Prinzip Hoffnung, dass ich meinen Lieferanten anrufen kann und der mir hilft wenn es wirklich so sein sollte.	Dem Vertreter der Wissenschaft ist ein Modell eines Energielieferanten bekannt der mit einem Modell Energieoptimierungen anbietet.	
S.S.	K2.1.0	1	Ich kenne kein Serviceangebot		
F.P.	K2.1.0	1	Ich kenne von der Wien Energie das Modell Hausmaster. Sie bieten das Servicemodell Energieoptimierungen, Eigenbedarfsteuerungen und Eigenbedarfsregelungen an.		

Kategorie 2.1.1: Servicemodelle – Welche werden Angeboten

Befragter	Kat. Nr.	#	Paraphrase	Generalisierung/Reduktion
J.S.	K2.1.1	1	Wir bieten den Kunden immer einen Wartungsvertrag, je nach Installation für ca. 160 Euro pro Jahr an. Damit ist ein Besuch egal wo in Österreich verknüpft. Fahrzeit kommt dann aliquot noch dazu. Es werden Akkus überprüft bzw. getauscht und Verschleißteile serviciert.	Die Befragung zeigte das Wartungsverträge im AAL Umfeld und am Alarmsektor angeboten und angenommen werden. Die Erfahrung der Integratoren zeigt das nur Ad hoc Leistungen Aufgrund fehlender Kundenakzeptanz von Wartungsverträgen angeboten werden.
MK.	K2.1.1	1	24 Stundendienste hab ich schon angeboten aber der wird eigentlich im privaten Bereich überhaupt nicht angenommen	Jährliche Systemwartungen bei denen neben dem Smart Home auch die Elektroinstallation überprüft wird ist ein weiteres Modell das Thomas Zapletal seinen Kunden anbieten.
MK.	K2.1.1	2	Wartungsverträge biete ich eigentlich nur am Alarmsektor an	
MK.	K2.1.1	3	Wir machen hauptsächlich Fernzugriff als Ad hoc Leistung, das akzeptieren die Leute.	
T.Z.	K2.1.1	1	Jährlich einmal hinfahren. Kompletten Check machen, nicht nur über die Smart Home Komponenten sondern auch den FI Schutzschalter, Verteiler, Kontakte, Update am Mini-Server. Elektroanlage Sichtprüfung. Oft ergeben sich dadurch auch Zusatzaufträge.	

Kategorie 2.2.0: Beschaffenheit Servicemodell – Varianten

Befragter	Kat. Nr.	#	Paraphrase	Generalisierung/Reduktion	Schlüsselaussage
C.R.	K2.2.0	1	Einfach, Zuverlässig, kompetent, schnell	Durch die geringen Ausfälle im Smart Home wird ein Ad hoc Service, vergleichbar mit einem Schlüsseldienst einem Wartungsvertrag mit Monatsentgeld vorgezogen.	Die Kunden lassen sich privat überhaupt nicht mehr binden
C.R.	K2.2.0	2	Wenn der Betrag nicht zu hoch ist dann schon. Ähnlich einem ÖAMTC Modell.		
M.E.	K2.2.0	2	Ad hoc Service wie vom Schlüsseldienst statt Monatsmiete, da ich den Service bis jetzt noch nicht gebraucht hätte. Das Smart Home fällt zu selten aus.	Für den Dienstleister Aufgrund der unterschiedlichen Systeme eventuell schwer umzusetzen. Der Kunde bzw. die Installation müsste bekannt sein, damit die Konfiguration bekannt ist und Tausch Komponenten auf Lager sind.	
M.M.	K2.2.0	1	Es ist Hauptsächlich eine Preisgestaltung um eine breitere Akzeptanz bei den Benutzern oder bei den Käufern zu haben. Es müsste somit dementsprechend günstig sein.	Bei Wartungs- bzw. Serviceverträgen mit einem regelmäßigen Entgelt, ist die Preisgestaltung ein wichtiger Aspekt um eine breitere Akzeptanz bei den Benutzern zu erreichen.	
M.M.	K2.2.0	2	Ad hoc Dienst stelle ich mir extrem Schwierig vor. Ein normaler 7x24 Störungsdienst würde vermutlich meine Komponenten nicht lagernd haben.	Hier sind auch Service- und Wiederherstellungszeiten zu definieren.	
M.M.	K2.2.0	3	Reaktionszeit sollte der nächste Tag oder innerhalb eines Tages machbar sein. Am Wochenende mit dementsprechenden Aufpreis als unter der Woche.	Konsumenten wünschen sich einen einfach gestalteten Servicevertrag von einem Dienstleister der zuverlässig, kompetent und schnell reagiert.	
S.S.	K2.2.0	1	Es muss vom Dienstleister eine Hotline geben und Service- und Wiederherstellungszeiten definiert sein. Die Firma muss solide sein damit es die Produkte auf längere Zeit servicieren kann. Akzeptiert wird eher ein Ad hoc Dienst. Bei einem Servicevertrag kommt es auf den monatlichen Betrag an.	Aus Sicht des Integrators lassen sich Kunden im privaten Umfeld außer bei Alarmanlagen, nicht binden. Bei Alarmanlagen überwiegt jedoch das Sicherheitsbedürfnis.	
M.K.	K2.2.0	1	Die Kunden lassen sich privat überhaupt nicht mehr binden	Jährliche Wartung zu einem marktüblichen Entgelt, jedoch keinen monatlichen Betrag da die von Kunden nicht angenommen wird.	
M.K.	K2.2.0	2	Bei Alarmanlagen jedoch schon, weil das Sicherheitsbedürfnis da ist. Jedoch auch hier muss das Preisgebilde passen.	Der Integrationsaspekt des Systemintegrators ebenfalls ein Servicemodell sein. Zum Beispiel die Integration und Konfiguration von Fernseher, Lichtsteuerung Tablet.	
T.Z	K2.2.0	1	Jährliche Wartung zu einem marktüblichen Betrag, jedoch keinen monatlichen Betrag	Es ist stellt sich die zentrale Frage was ein Servicevertrag dem Konsumenten bringt. Welchen Nutzen beinhaltet der Servicevertrag.	
F.P.	K2.2.0	1	Der Integrationsaspekt des Systemintegrators kann sehr wohl auch ein Servicemodell sein. Das heißt, die Konfiguration von Fernseher und Lichtsteuerung und das Ganze über ein Tablet bedienbar.	Bei einem Handyvertrag bekommt man eine bestimmte Leistung. Diese muss so auch beim Smart Home geben. Zum Beispiel kann man den Energiebedarf optimieren und einen Teil der Ersparnis als Servicebetrag an den Dienstleister bezahlen.	
F.P.	K2.2.0	2	Die zentrale Frage ist: Was bringt mir ein Servicevertrag? Bei einem Handyvertrag bekommt man eine bestimmte Leistung. Diese muss es auch beim Smart Home geben. Zum Beispiel kann man den Energiebedarf optimieren und einen Teil der Ersparnis als Servicebetrag an den Dienstleister bezahlen.		

Kategorie 2.2.1: Beschaffenheit Servicemodell – Marktdruck

Befragter	Kat. Nr. #	Paraphrase	Generalisierung/Reduktion	Schlüsselaussage
MM.	K2.2.1 1	Ich glaub, dass Servicemodelle im Moment für Unternehmen nicht rentabel sind.	Der Marktdruck für Integratoren im privaten Bereich ist sehr groß. Konsumenten haben kein Verständnis für Ausfälle und das für eine schnelle Reaktionszeit ein Wartungsvertrag zu vereinbaren ist. Integratoren reagieren oft auch ohne Wartungsvertrag sehr schnell um schlechte Mundpropaganda zu verhindern. Oft können auch die umfangreichen Programmiertätigkeiten nicht verrechnet werden, da auch hierfür das Verständnis der Konsumenten fehlt.	Es gibt derzeit noch kein Return on Investment für Unternehmen. Es fehlt am Servicemodell.
MK.	K2.2.1 1	Wenn man den Kunden behalten will und schlechte Nachrede verhindern will, dann reagiert man sehr schnell.		
T.Z.	K2.2.1 1	Meitmodell für Programmierdienstleistung wird eher nicht angenommen, da der Preisdruck auf die Programmierung zu groß ist.		
F.P.	K2.2.1 1	Es gibt derzeit noch kein Return on Investment für Unternehmen. Es fehlt am Servicemodell.		

Kategorie 2.3.0: Inhalte Servicemodell – öffentlicher Raum

Befragter	Kat. Nr.	#	Paraphrase	Generalisierung/Reduktion
C.R.	K2.3.0	1	Im öffentlichen Bereich sind sicher fixe Verträge der Standard.	Im öffentlichen Bereich sind oft für die Gebäudeinfrastruktur zugewiesene Mitarbeiter verantwortlich. Als Fallback bzw. auch wenn keine fixen Mitarbeiter abgestellt sind, kann ein Servicevertrag zur Anwendung kommen. Eine Möglichkeit ist hier die verpflichtende Wartung der Brandmeldeanlage auf die Gebäudesteuerung auszuweiten. Service-, Reaktions- und Wiederherstellzeiten müssen hier zum Standard zählen. Es lassen sich im Zweckbau auch Servicemodelle wie ein Energiemanagement, umsetzen die dem Kunden zusätzlichen Nutzen bringen.
M.E.	K2.3.0	1	Im großen öffentlichen Bereich, haben sie sicher jemanden der fix angestellt ist, weil das durchaus zeitkritisch ist. Sofern keine fixen Angestellten dann sind auf alle Fälle mit einer Firma definierte Servicezeiten oder Wiederherstellzeiten vereinbart.	
M.M.	K2.3.0	1	Serviceverträge geben bzw. sind ein Muss. Auch Wiederherstellzeiten sind einzurichten.	
S.S.	K2.3.0	1	Im öffentlichen Bereich ist es sicher wichtig einen Brandschutz oder auch Stromeinsparung durch eine Smarte Lösung zu haben. Das ist dort in einer ganz anderen Anlagen Größenordnung. Als Servicemodell wird irgendein Managed Service implementiert sein. Im öffentlichen Bereich ist ein Rückbau der Smarten Lösung nicht schnell möglich wenn das System nicht läuft.	
M.K.	K2.3.0	1	von kürzester Zeit maximal zwei Stunden vor Ort sein. D.h. Reaktionszeit ist wichtig.	
T.Z	K2.3.0	1	Bei öffentliche Gebäuden würde ich schon einen Wartungsvertrag mit monatlicher Gebühr machen	
F.P.	K2.3.0	1	Im Smart Billing Bereich sprich auf dem Zweckbau, sind Wartungsverträge normal. Da ist ein Servicemodell in meinen Augen ein bisschen leichter umzusetzen.	

Kategorie 2.3.1: Inhalte Servicemodell – privater Raum

Befragter	Kat. Nr.	#	Paraphrase	Generalisierung/Reduktion	Schlüsselaussage
C.P.	K2.3.1	1	Kundenbetreuung! Der Kunde ist König, schnelle Reaktionszeit.	Im privaten Bereich darf die Dienstleistung nichts kosten. Der Wunsch nach einer schnellen Reaktions- und Wiederherstellzeit ist jedoch auch hier sehr hoch. Die Tendenz ist im privaten Bereich auf eine Ad hoc Serviceleistung gerichtet ohne einem monatlichen Betrag zu entrichten. Nach dem Motto "Der Kunde ist König"	
M.E.	K2.3.0	2	Ad hoc Serviceleistung		
M.N.	K2.3.1	1	Im privaten Bereich, mehr Spielraum. Reaktionszeit nicht länger als ein Tag oder ein Werktag. Der Wunsch der Anwender ist vermutlich die gleichen Wiederherstell- und Reaktionszeiten zu haben wie im öffentlichen Raum.		
M.P.	K2.3.1	1	Im privaten Bereich darf es nichts kosten und wird auch nicht angenommen. Deswegen habe ich die Verträge nur in Industrien.		Im privaten Bereich darf es nichts kosten und wird auch nicht angenommen.
F.F.	K2.3.1	1	Diesen Aspekt der verpflichtenden Wartung wie für Brandschutzeinrichtungen im öffentlichen Bereich, habe ich im Smart Home Bereich nicht.		

Kategorie 2.4.1: Standards – Berücksichtigung Heterogene Lösungen

Befrager	Kat. Nr.	#	Paraphrase	Generalisierung/Reduktion	Schlüsselaussage
C.R.	K2.4.1	1	Standardisieren ist immer zielführend weil es Zeit erspart und Standardabläufe schafft.	Standards werden von allen Befragten als sehr wichtig eingestuft. Folgende Aspekte sind dabei zu erwähnen: • Durch Standards verringert sich der Mehraufwand für den Dienstleister • Standards reduzieren die Folgekosten im Betrieb bzw. der Erweiterung der Lösung • Standards reduzieren die Schnittstellen zwischen den unterschiedlichen Lösungen. • Nur offene Systeme garantieren eine Wartbarkeit über die Laufzeit einer Smart Home Installation von bis zu 25 Jahren. • Die Abhängigkeit der Konsumenten von einem Dienstleister wird minimiert.	
M.E.	K2.4.1	1	Für Dienstleister sind Standards wichtig, da es sonst durch den Mehraufwand nicht testbar wird.		
M.M.	K2.4.1	1	Ohne einheitliche Schnittstellen würde sich das Ganze verteuern.		
M.M.	K2.4.1	2	Die Standards die es gibt sind meistens auch untereinander wenig bis gar nicht kompatibel.		
M.M.	K2.4.1	3	Bei einem Smart Home Servicevertrag kann vermutlich der entsprechende Anbieter genau sein Modell servicieren. Ein Alternativmodell kann er nicht mehr servicieren. Ein seriöser Anbieter von solchen Entstörungsdiensten muss sich mit all dem was er entstören will auseinandersetzen.		
S.S.	K2.4.1	1	Der Anbieter müsste schon der absolute Marktführer sein, damit ich mich für den Entscheide. Es sollte der offenste Standard sein den es gibt, damit auch eine Fremdfirma zur Not eingreifen kann.	Mittlerweile verstehen die Hersteller die Notwendigkeit von Standards und bieten in ihren Systemen Übergabeschnittstellen an.	
J.S.	K2.4.1	1	Viele Hersteller hatten gute Ideen, aber wenn ich das nicht langfristig durchsetzt hat auch der Händler, der Integrator oder der Kunde nicht viel davon.	Wichtig für den Konsumenten ist neben den Standards auch die Übergabe der Konfigurationsdateien vom Integrator um offen bei der Wahl des Service Dienstleisters zu sein. Gleichzeitig ist dies für den Integrator ein Risiko, da er sein Know-How das in der Programmierung steckt aus der Hand geben muss.	
J.S.	K2.4.1	2	Wichtig ist für uns, dass man die Schnittstelle (Prozess) klar definiert.		
T.Z.	K2.4.1	1	Es sind nicht so sehr die Standards ausschlaggebend sondern eher ob die Konfiguration an den Kunden übergeben wird.		Es sind nicht so sehr die Standards ausschlaggebend sondern eher ob die Konfiguration an den Kunden übergeben wird.
T.Z.	K2.4.1	2	Wahrung des geistigen Eigentums für die Programmierung.		
F.P.	K2.4.1	1	Smart Home Technologien müssen offen sein.		
F.P.	K2.4.1	2	Wenn ich eine Wartbarkeit und ein Servicemodell für das Smart Home habe will das die nächsten 20/25 Jahre Bestand hat, dann brauche ich Standards und ein offenes System natürlich zwingsläufig notwendig ist.		
F.P.	K2.4.1	3	Mittlerweile verstehen das die Hersteller, und bieten Übergangsschnittstellen an. Diese ganzen heterogeneren Systeme setzen zumindest irgendwie auf IP um.		

Kategorie 2.4.2: Standards – Flexibilität oder Wartbarkeit

Befragter	Kat. Nr.	#	Paraphrase	Generalisierung/Reduktion
C.R.	K2.4.2	1	Eine standardisierte Installation ist mir wichtiger und ich verzichte lieber auf eine Funktion.	Die Mehrheit der Befragten bevorzugt die Sicherheit der Wartbarkeit vor der Flexibilität der Lösung. Vor allem die kritischen Systeme müssen solide funktionieren. Allerdings wird bei der Implementation einer Smart Home Lösung oft der Fokus auf die Features gerichtet und weniger auf die Wartbarkeit des Systems. Auch am Gesundheitssektor ist die Wartbarkeit und Funktionstüchtigkeit der Flexibilität vorzuziehen. Hier ist es besser ein geschlossenes System einzurichten als eine Integration mit dem Smartphone anzustreben. Kunden setzen oft bewusst auf Systeme die weniger Industrienah und für Anwender offener sind, um selbst Änderungen durchzuführen und sich damit Wartungskosten zu ersparen.
M.E.	K2.4.2	1	Aus Kunden Sicht ist sicher die Flexibilität der Auswahl wichtig, vor allem dann, wenn kein technisches Verständnis vorhanden ist.	
M.M.	K2.4.2	1	Die Flexibilität der Lösung ist wesentlich wichtiger als die Sicherheit der Wartbarkeit.	
M.M.	K2.4.2	2	Bei den Gesprächen mit dem Hersteller ging es 98 Prozent der Zeit um die Features und um die mögliche Lösung, nur 2 Prozent der Zeit war dann das Thema Wartbarkeit, Ersatzteile und dergleichen ein Thema.	
S.S.	K2.4.2	1	Da bin ich auch eher bei der Wartbarkeit, die Basissachen sollen lieber gut funktionieren bevor ich noch irgendwelche I-Tüpfelchen hätte.	
J.S.	K2.4.2	1	Die Wartbarkeit ist der Flexibilität vorzuziehen. Fernbedienung mit Spracherkennung vor Smartphone Einbindung.	
M.K.	K2.4.2	1	Bei Smart Home Lösungen ist sehr oft die Frage, ob der Kunde selbst Änderungen vornehmen kann, um sich Kosten zu ersparen. Dadurch greifen sie oft auf weniger Industrienahe Lösungen welche in Richtung Kunde flexibler sind.	
F.P.	K2.4.2	1	Das I-Tüpfelchen zu haben an neuester Technologie ist natürlich fein und nett, wenn das System kein anderer warten kann ist das jedoch ein Problem. Mein Aspekt ist da eher, lieber ein sicheres sauberes System haben.	

Kategorie 2.4.3: Standards – Abhängigkeit

Befragter	Kat. Nr.	#	Paraphrase	Generalisierung/Reduktion
M.M.	K2.4.3	1	Man ist dann eigentlich an die Dienstleiter gekoppelt der das damals installiert hat.	Sofern keine Standards eingesetzt werden, befürchten Kunden das sie sich mit der implementierten Lösung, abhängig vom Integrator machen.
M.K.	K2.4.3	1	Der Kunde der eine Smart Home Lösung hat, hat immer Angst, dass er sich vom Elektriker extrem abhängig macht.	Bei einer Lebensdauer von bis zu 25 Jahren wird das zu einem Problem.
F.P.	K2.4.3	1	Ein Smart Home oder ein Haus Nutzungsdauer 25 Jahre, Wenn ich da nicht einen offenen Standard drinnen habe, habe ich ein Problem. Das müssen auch andere Firmen warten können.	

Kategorie 3.1.0: Remotezugang – Akzeptabel

Be Fragter	Kat. Nr.	#	Paraphrase	Generalisierung/Reduktion
C.R.	K3.1.0	1	Ja, ein Remotezugang ist sehr gut.	Ein Remotezugang wird sowohl von Anwendern als auch Integratoren bevorzugt. Kunden nehmen die Sicherheit in dem Zusammenhang unterschiedlich war. Einer Gruppe haben kein Sicherheitsbewusstsein, wohingegen die andere Gruppe sehr wohl die Sicherheit des Remotezugangs hinterfragt. Wichtig ist für diese Gruppe ob der Zugriff immer möglich ist oder nur nach Freigabe. Integratoren sichern sich teilweise ab, indem sie die Passwörter der Anlage dem Kunden selbst setzen lassen und somit ihrer Kenntnis entziehen.
I./M.	K3.1.0	1	Für mich war ganz wichtig, dass es remote zugänglich ist.	
J.S.	K3.1.0	1	Den Remotezugang muss man von vornherein absprechen. Im speziellen in Verbindung mit Kameras.	
I.K.	K3.1.0	1	Wenn jemand Fremder darauf zugreifen will, dann muss der Kunde das freigeben. Jeder Kunde will wissen, wenn du drauf bist	
M.K.	K3.1.0	2	Wir als Dienstleister wissen die Passwörter gar nicht.	
M.K.	K3.1.0	3	Dem Kunden ist das schon sehr wohl bewusst. Sie hinterfragen, ob man immer auf das System kann oder ob ein Fremder darauf kann.	
- Z.	K3.1.0	1	Kunden wünschen sich einen Remotezugang um im Notfall serviciert zu werden. Das Problem der Sicherheit ist ihnen nicht bewusst.	
F.P.	K3.1.0	1	Ich glaube, dass das akzeptable ist und zwar on Demand	

Kategorie 3.1.1: Remotezugang – Beschaffenheit

Befragter	Kat. Nr.	#	Paraphrase	Generalisierung/Reduktion
C.R.	K3.1.1	1	Freigabe bei Bedarf ist wahrscheinlich wünschenswert damit der Dienstleister nicht immer Zugriff hat.	Ein Remotezugriff bei dem der Zugang nach Bedarf vom Anwender freigeschaltet werden muss, wird von allen Befragten bevorzugt. Dies ist sowohl für den Kunden als auch für den Dienstleister eine Absicherung. Andererseits wird es auch Kunden geben die bei einem abgeschlossenen Wartungsvertrag, über die Wartung nicht informiert werden wollen. Nach dem Motto, das System soll einfach funktionieren. Wichtig ist auch das kein Zwang zur Vernetzung mit dem Hersteller besteht. Technisch ist ein VPN Tunnel der vom Anwender Freigegeben werden muss, aus heutiger Sicht die sicherste Lösung. Im Gesundheitssektor bei schwer Kranken oder Behinderten Personen liegt der Schwerpunkt jedoch eher auf der schnellen Wartbarkeit. Hier ist der Remotezugang für den Dienstleister unter Berücksichtigung der Patienten Wünsche offen gestaltet.
M.E.	K3.1.1	1	Remotezugang nur nach Freigabe. Weil ich wissen möchte wann wer was macht. Es gibt eventuell auch Kunden die bei einem Wartungsvertrag nicht mitbekommen wollen das gewartet wird.	
M.E.	K3.1.1	2	VPN Tunnel nur nach Freigabe, dass auch nur der Zugriff bekommt der Zugriff haben soll	
M.M.	K3.1.1	1	Dass der Hersteller nicht darauf bestehen kann, dass er Zwangszugriff zum System haben muss.	
M.M.	K3.1.1	2	VPN und im besten Fall würd ich sogar sagen VPN nur auf Anforderung also nicht ständig verfügbar für den Hersteller sondern ganz bewusst nach Aktivierung des VPN.	
S.S.	K3.1.1	1	Im Privatbereich nur über Freigabe und VPN	
J.S.	K3.1.1	1	Zugriff zu haben damit wir dem Schwerkranken relativ schnell helfen können.	
M.K.	K3.1.1	1	VPN Tunnel müssen die Kunden Gott sei Dank nicht aufbauen. Man greift über einen Server des Herstellersauf das Kundensystem zu. Der Kunde muss davor den Zugriff freigeben.	
T.Z	K3.1.1	1	Ich würde dem Dienstleister den dauerhaften Zugang entziehen	
T.Z	K3.1.1	2	VPN Zugang ist das beste und wird empfohlen.	
F.P.	K3.1.1	1	darfst du auf mein Smart Home zugreifen. Das ist glaube ich wesentlich.	
F.P.	K3.1.1	2	Aus technischer Sicht würde ich mit natürlich ein VPN wünschen, bei der meine Installation das VPN zum Server des Herstellers aufbaut.	

Kategorie 3.2.0: Datenschutz

Befragter	Kat. Nr.	#	Paraphrase	Generalisierung/Reduktion
C.R.	K3.2.0	1	Das ist ein heikles Thema, also nur die Daten die sie brauchen.	Ein Dienstleister sollte nur Zugriff auf die notwendigen Daten der Anlage bekommen. Am besten ist die Trennung von Einstellungen und Zustandsdaten bzw. Logfiles. Die Haussteuerung sollte anhand der Daten im System keinen Rückschluss auf das jeweilige Objekt inklusive Adresse zulassen.
M.E.	K3.2.0	1	Also mich beeinflusst Datenschutz extrem persönlich, jedoch glaube ich die meisten Konsumenten die nicht technisch Affin sind gehen auch mit den Daten am Smartphone sorglos um. Also ich würde das gar nicht wollen das die Daten in der Cloud liegen.	
M.M.	K3.2.0	1	System verloren. Es sollte die Haussteuerung nicht den Rückschluss zulassen um welches Haus es sich handelt, also Adressen nicht hinterlegt sein.	Zusätzlich sollte vertraglich abgesichert sein, dass der Hersteller im Fall eines Serviceeinsatzes die Daten aus der Steuerzentrale nicht verwenden darf.
M.M.	K3.2.0	2	Ich erwarte mir natürlich als Konsument, dass der Hersteller auf diese Daten gar nicht zugreifen kann, selbst wenn er die Möglichkeit dazu hätte. Zusätzlich am besten vertraglich abgesichert, dass der Hersteller im Fall eines Serviceeinsatzes nicht diese Daten verwenden darf.	Ausnahmen sind wieder im e-Health Bereich zu erkennen. Unter Einwilligung des Patienten ist es Wunschenswert bestimmte Daten zum Beispiel an eine Rehabilitationseinrichtung weiterzugeben werden. Im Gegenzug dazu ist im Speziellen in diesem Bereich auf den Datenschutz zu achten.
S.S.	K3.2.0	1	Strom ich verbrauche. D.h. Einstellungen ja, jedoch keine Daten dahinter	
J.S.	K3.2.0	1	Wenn wir die Geräte für Analyse und Diagnose verwenden, dann ist es durchaus gewünscht, dass die Daten zur besseren Abstimmung in der Rehabilitation weitergegeben werden.	Viele Erdanwender gehen generell mit Daten sorglos um. Hier ist der Vergleich mit dem Smart Home und der Cloud zu nennen. Anders ist das bei Organisationen die Gebäudeleittechnik verbauen lassen. Hier ist Datenschutz ein großes Thema.
J.S.	K3.2.0	2	Die privaten Konsumenten gehen sorglos damit um. Wenn wir allerdings unser System in einer Organisation implementieren, zum Beispiel Hilfswerk, Rotes Kreuz oder Caritas, wird immer als eine der ersten Kernfragen die Datensicherheit besprochen. Wo sind die Server implementiert, wer speichert was, wer bekommt die Daten.	Friedrich Praus unterstreicht, dass das Thema Datenschutz bereits beim Design der Lösung berücksichtigt werden muss, damit eine klare Trennung der Daten für den Dienstleister und dem Anwender durchgeführt werden kann.
T.Z.	K3.2.0	1	Die Konsumenten machen sich darüber wenig Gedanken.	
T.Z.	K3.2.0	2	Videoaufzeichnungen möglich einzuschränken. ZB: Eigenes Passwort für das was es für Daten gibt, würde sich eine Cloud basierte Lösung installieren.	
F.P.	K3.2.0	1	Der Datenschutz müsste von der ganzen Architektur berücksichtigt werden, damit die ganzen Daten lokal bleiben.	
F.P.	K3.2.0	2	Eine Smartphone Steuerung ist schon auch ein interessanter Aspekt, jedoch sind die Daten vom Smart Home zumindest daheim.	
F.P.	K3.2.0	3	nimmt den e-Health Aspekt auch noch dazu, dann wird es überhaupt kritisch. Dann sprechen wir von Medizindaten die eventuell auch in der Cloud stehen.	
F.P.	K3.2.0	4	Der Konsument erkennt die Gefahren des Datenschutzes, kann ihn aber nicht bewerten.	
F.P.	K3.2.0	5		

Kategorie 4.1.0: Sicherheit

Befragter	Kat. Nr.	#	Paraphrase	Generalisierung/Reduktion
M.E.	K4.1.0	1	Ich glaub die machen sich über das gar keine Gedanken. Das heißt, das Sicherheitsbewusstsein beim Konsumenten gehört definitiv gestärkt.	Ein wichtiger Sicherheitsaspekt ist aus Integrator Sicht die Trennung von Sicherheitseinrichtungen wie der Alarmanlage und Schließsysteme und dem restlichen Smart Home. Ein Einbruch in das Smart Home könnte sonst die gesamte Gebäudesicherheit kompromittieren
M.K.	K4.1.0	1	Die Alarmanlage soll mit dem Smart Home nichts zu tun haben	
T.Z	K4.1.0	1	Jeden Kunden, weise ich darauf hin, dass ein vernetztes Motorschloss nicht der Sicherheit entspricht. Zutritt sollte nicht vernetzt sein.	

Kategorie 4.2.0: Integrator

Befragter	Kat. Nr.	#	Paraphrase	Generalisierung/Reduktion
F.P.	K4.2.0	1	Da ist im Prinzip nicht nur der klassische Elektriker gefordert der mir dann die Kabel ziehen kann, sondern derjenige der Ahnung vom gesamten System hat. Dieses Wissen bilden wir im FH Studium aus.	Bei der Implementierung einer Smart Home Lösung ist nicht nur der klassische Elektriker gefordert der für die Verkabelung verantwortlich ist, sondern derjenige der Ahnung vom gesamten System hat. Dieses Wissen wird in speziellen Lehrgängen auf den Fachhochschulen als auch von den jeweiligen Herstellern gelehrt.